R.E.I. Editions

Tutti i nostri ebook possono essere letti sui seguenti dispositivi:
- Computer
- eReader
- iOS
- Android
- Blackberry
- Windows
- Tablet
- Cellulare

Degregori & Partners

Investire in Covered Warrant

Quaderni di Finanza 15

ISBN 978-2-37297-2864
Disponibile anche in formato Ebook - ISBN: 978-2-37297-4028

Pubblicazione: maggio 2016
Nuova edizione gennaio 2022
Copyright © 2016 - 2022 R.E.I. Editions
www.rei-editions.com

I Quaderni di Finanza hanno lo scopo di promuovere la diffusione dell'informazione e della riflessione economico-finanziaria sui temi relativi ai mercati mobiliari nazionali e internazionali e alla loro regolamentazione.

Piano dell'opera

Degregori & Partners

Warrant
e
Covered Warrant

Quaderni di Finanza (15)

R.E.I. Editions

Indice

I Warrant

I warrant sono strumenti finanziari che conferiscono ai possessori la facoltà (ma non l'obbligo) di acquisto (warrant call) o di vendita (warrant put) a una data prestabilita di un'attività sottostante (underlying) a un determinato prezzo, detto in gergo tecnico "strike price", secondo un determinato rapporto (rapporto di esercizio); solitamente corrispondono a un numero specifico di azioni, ma possono anche rappresentare un indice o una merce. Il warrant può essere quotato in Borsa.

• Nella maggior parte dei casi i warrant conferiscono ai titolari il diritto di sottoscrivere nuove azioni di una società quotata e hanno, quindi, la finalità di consentire alla società di raccogliere nuovi fondi.

Sono negoziati separatamente rispetto alle azioni: il prezzo di mercato del warrant prende il nome di premio. Sulla base del rapporto di esercizio, a ogni warrant è associato un multiplo, che esprime quanti warrant occorre utilizzare per poter sottoscrivere esclusivamente azioni, al contrario dei covered warrant, prodotti finanziari che possono avere come sottostante obbligazioni, valute, tassi di interesse, panieri di titoli, indici azionari e altre attività finanziarie.

La quotazione del warrant è strettamente correlata al valore dell'azione sottostante a cui fa riferimento; il valore dipende sostanzialmente da tre variabili:

• il prezzo dell'azione da sottoscrivere
• il tempo residuo alla scadenza
• la somma da pagare per sottoscrivere l'azione.

Tutti i warrant hanno una determinata data di scadenza, oltre la quale non è più possibile acquistare o vendere il sottostante; il warrant viene di conseguenza annullato. I warrant figurano tra gli strumenti finanziari potenzialmente più redditizi, ma occorre tener presente che, se da un lato, grazie all'effetto leva, consentono guadagni molto alti, dall'altro possono provocare la perdita del capitale investito (premio).

Essendo strumenti piuttosto complessi sono destinati principalmente a investitori esperti, in possesso di una certa familiarità con i termini warranty bond, warrant call, warrant put, strike price, ma soprattutto in grado di valutare e gestire gli eventuali rischi.

Pur avendo vita e natura giuridica autonoma (sono negoziati separatamente rispetto alle azioni), i warrant rappresentano spesso strumenti accessori di più ampie e consistenti operazioni di raccolta di fondi, come aumenti di capitale o emissioni di prestiti obbligazionari.

- Sulla base del rapporto di esercizio, a ogni warrant è associato un multiplo, che rappresenta la quantità di sottostante controllata dallo strumento, cioè esprime quanti warrant occorre utilizzare per poter sottoscrivere un'azione.

Il valore teorico di un warrant è, invece, dato dal prodotto tra il numero delle azioni controllate e il valore base di ogni singola azione al quale va sottratto (in caso di warrant call) il prezzo di esercizio. In caso di warrant put, è il valore base di ogni singola azione a dover essere sottratto dal prezzo di esercizio.

Il prezzo in Borsa del warrant è strettamente correlato al valore dell'azione sottostante.

- Generalmente, il prezzo del warrant rappresenta il "premio" che occorre pagare per sottoscrivere al prezzo prefissato l'azione sottostante.

12

Pertanto, se il prezzo dell'azione sul mercato è inferiore rispetto al prezzo al quale è possibile sottoscrivere le azioni, il valore del warrant sarà molto basso, se non nullo. Infatti, non ci sarà convenienza a sottoscrivere le azioni a un prezzo superiore a quello al quale è possibile acquistare direttamente sul mercato.

Ogni warrant ha una scadenza, pertanto, scaduto il tempo prefissato per acquistare, sottoscrivere o vendere il titolo sottostante, il warrant non potrà più essere esercitato e verrà annullato.

Le operazioni con i warrant richiedono un monitoraggio costante della posizione; se non vengono gestiti correttamente, comportano un rischio elevato. Il valore dei premi può subire forti variazioni in breve tempo. In determinate circostanze, una parte o la totalità dell'investimento può andare persa.

Il prezzo del warrant dipende da diversi fattori: il prezzo di mercato del sottostante in un determinato momento (azione, indice, obbligazione, valuta, ecc.), il prezzo di esercizio del warrant, la volatilità del sottostante, il tasso di interesse privo di rischio, il tempo rimanente fino alla scadenza e altri fattori che dipendono dalla natura del sottostante (il dividendo nel caso di warrant su azioni o indici, o il differenziale di tasso di interesse tra valute, per i warrant su tassi di cambio).

- Il vantaggio principale, e allo stesso tempo il maggior rischio di investire in warrant, è l'effetto leva, che caratterizza generalmente i prodotti derivati: investire la stessa somma di denaro è molto più redditizio se si investe in warrant (pagando i premi) che non se i titoli sottostanti sono acquistati direttamente sul mercato a pronti.

La classificazione principale distingue tra warrant call e warrant put:

- I Warrant call danno al titolare il diritto di

acquistare il sottostante al prezzo di esercizio. Se il prezzo del sottostante (prezzo di liquidazione) è superiore al prezzo di esercizio, il contratto sarà liquidato accreditando al titolare la differenza risultante.

- Con i Warrant put il titolare acquisisce il diritto di vendere il sottostante al prezzo di esercizio. Se il prezzo di liquidazione è inferiore al prezzo di esercizio, il contratto sarà liquidato pagando al titolare la differenza risultante.

Esempio

Supponiamo che le azioni Alfa stiano per aumentare di valore. Attualmente vengono quotate a 120 euro, quindi, acquistiamo un call warrant con un prezzo di esercizio di 125 euro.
Il prezzo di Alfa sale a 150 euro, il che significa che ha superato il prezzo di esercizio e possiamo, pertanto, scegliere di acquistare un'azione Alfa a 125 euro anziché all'attuale prezzo di mercato, pari a 150 euro.

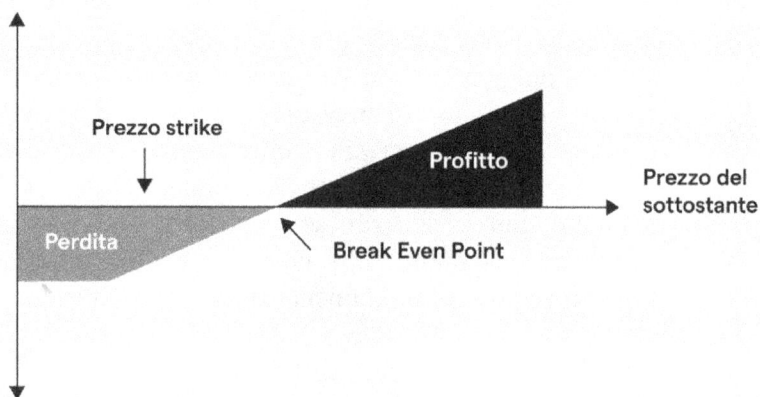

14

Al contrario, supponiamo adesso che secondo le nostre previsioni il valore delle azioni Alfa stia per scendere, pertanto decidiamo di andare short per trarre profitto dai movimenti negativi. Le azioni Alfa sono attualmente quotate a 150 euro, ma in base alla nostra analisi questo prezzo è sopravvalutato.

Decidiamo, quindi, di acquistare un put warrant a un prezzo di esercizio di 140 euro, che ci concede il diritto di vendita.

Il prezzo dell'azione Algfa scende fino a 125 euro e, quindi, possiamo vendere il titolo Alfa a 140 euro, superiore all'attuale valore di mercato.

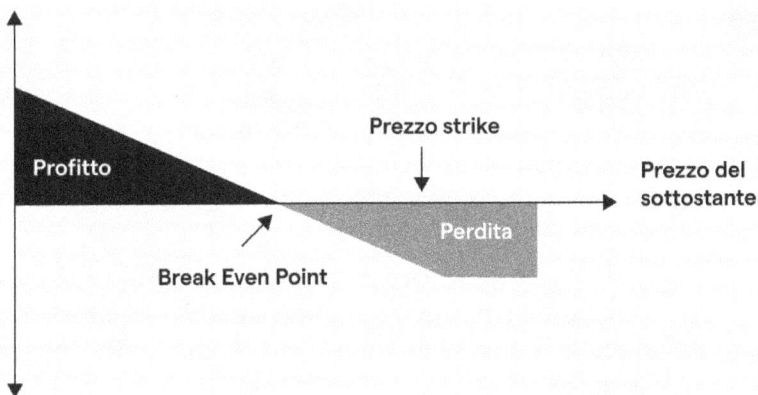

Il motivo è che le fluttuazioni di prezzo del sottostante inducono maggiori variazioni percentuali del valore del premio. In cambio, un evoluzione dei prezzi che non soddisfa le aspettative può portare alla perdita dell'intero investimento. Il leverage indica anche il numero di diritti di call o put che possono essere acquistati al prezzo di un'unità del sottostante.

I warrant e gli aumenti di capitale

I Warrant sono emessi da società per azioni nell'ambito di un aumento di capitale condizionato, e sono quasi sempre abbinati a un'obbligazione e a un warrant (si parla, infatti, di obbligazione cum warrant). Tali strumenti si riferiscono ad azioni di nuova emissione. Con l'esercizio del warrant la società aumenta il capitale proprio e il numero delle azioni in circolazione.

Il capitale sociale rappresenta il valore delle somme e dei beni conferiti dai soci, a titolo di capitale di rischio, all'atto di costituzione della società. Esso è suddiviso in quote di pari valore che sono assegnate ai soci in proporzione alla parte di capitale da essi sottoscritta e versata. Nelle società per azioni il capitale sociale è suddiviso in un determinato numero di titoli (azioni), ognuno dei quali incorpora una determinata quota di partecipazione e i diritti sociali a essa relativi.

- Il capitale sociale costituisce, quindi, la principale garanzia per i creditori della società; questi sono in realtà garantiti da tutto il patrimonio della società, ma se la società decide di operare con un capitale sociale che va ben oltre il minimo previsto dalla legge, darà un importante segnale all'esterno.

Per poter procedere con un aumento del capitale occorre:
- Stabilire l'entità delle risorse necessarie, tenuto conto del costo sopportabile, delle disponibilità e del costo di fonti alternative, della ricettività del mercato.
- Determinare le caratteristiche dell'operazione (tipologia dell'aumento e dei titoli offerti).
- Eseguire gli adempimenti di legge e regolamentari richiesti.

- Organizzare ed eseguire l'aumento nei suoi dettagli operativi (individuazione degli intermediari coinvolti nella fase di raccolta delle adesioni).

I titoli devono essere offerti in opzione ai soci, e ai possessori di obbligazioni convertibili nella SPA, in proporzione delle azioni possedute (e ai possessori di obbligazioni convertibili sulla base del rapporto di cambio) per consentire ai soci di mantenere inalterata la loro quota di partecipazione e ai possessori di obbligazioni convertibili di mantenere inalterato il cosiddetto rapporto di cambio:

numero di azioni nuove assegnate per ogni vecchia azione

Ogni azionista, in base al numero di azioni possedute, può decidere se aderire all'aumento, esercitando i propri diritti, chiamati diritti di opzione, automaticamente acquisiti in base al numero di azioni possedute, oppure no, vendendo i propri diritti ad altri che possono aderire al suo posto all'aumento di capitale sociale.
L'aumento di capitale è un atto di carattere straordinario nella vita di una società in quanto, andando a modificare il capitale sociale, determina una variazione dell'atto costitutivo e deve essere deliberato dall'assemblea in seduta straordinaria.

- Una volta deliberato l'aumento di capitale, la società procede all'emissione delle nuove azioni, che sono offerte in opzione ai soci in maniera proporzionale ai titoli posseduti, attraverso il diritto di opzione, al fine di mantenere inalterato il potere decisionale in ambito sociale o di essere compensati dalle eventuali perdite patrimoniali conseguenti all'operazione.

Tale diritto viene attribuito anche ai possessori delle obbligazioni convertibili attraverso il rapporto di cambio e ai possessori di warrant.

Gli aumenti di capitale possono essere realizzati mediante tre modalità:

• Aumenti di capitale a pagamento, quando comportano un aumento del patrimonio netto e quindi dei mezzi a disposizione. Gli aumenti di capitale a pagamento vengono effettuati quando si vuole ricapitalizzare la società o per finanziare un ampliamento della attività o per diminuire l'indebitamento, quando questo ha assunto una dimensione eccessiva rispetto al capitale proprio. Non possono essere effettuati aumenti se le azioni in circolazione non sono state interamente liberate.

• Aumento di capitale gratuito, quando non comporta una variazione del patrimonio netto e i mezzi a disposizione rimangono invariati. Le finalità sottese all'aumento di capitale "gratuito" possono essere diverse; in primis, sovente accade che l'aumento di capitale gratuito sia affiancato da un contestuale aumento a pagamento, così da invogliare e stimolare i soci alla sottoscrizione della parte di aumento con nuovi conferimenti. In secondo luogo, l'operazione può essere collegata alla volontà di accrescere il prestigio e il credito della società, o ancora per soddisfare un vincolo di legge che richiede in capitale sociale minimo per poter svolgere alcune attività, quali, ad esempio, quelle bancarie e assicurative. L'aumento di capitale gratuito avviene assegnando gratuitamente nuove azioni ai vecchi azionisti con un rapporto di cambio prestabilito.

La decisione è presa dall'assemblea straordinaria. L'aumento gratuito può essere effettuato anche intervenendo sul valore nominale delle azioni esistenti aumentandolo. L'aumento si ottiene trasferendo semplicemente delle quote di bilancio dalla voce "riserve" alla voce "capitale sociale"; in questo caso non si ha variazione nel patrimonio sociale e, quindi, non vengono applicate le norme dirette ad assicurare l'effettività dei conferimenti o che subordinano l'aumento del capitale all'esecuzione dei conferimenti.

Nel caso in cui si emettano nuove azioni, il valore del titolo in Borsa scenderà poiché, evidentemente, lo stesso capitale risulterà frazionato su un numero maggiore di azioni.

L'investitore deve però fare attenzione al fatto che la discesa è solo apparente in quanto il minor valore di mercato dell'azione è compensato da un maggior numero di titoli in possesso degli azionisti.

• Aumento di capitale in forma mista, che sono una combinazione dei due precedenti. Per forma mista, nell'accezione più ampia dell'espressione, si intende il caso in cui l'emittente colloca (offre) prodotti finanziari diversi e riguarda sia il collocamento di obbligazioni convertibili e/o warrant, sia il contemporaneo collocamento di azioni a pagamento e azioni totalmente gratuite. Si noti fin da subito che il diritto gratuito non è negoziabile.

Abbiamo visto che l'aumento di capitale è deliberato dall'assemblea straordinaria, e ciò si spiega con il fatto che si tratta di una decisione importante per la società, che non può essere lasciata alla competenza degli amministratori. È anche vero, però, che se si decide di procedere all'aumento a pagamento, ci si dovrà porre anche il problema di collocare le azioni di nuova emissione, e quindi scegliere il momento opportuno per aumentare il capitale e sperare che le nuove azioni siano sottoscritte.

Le motivazioni che spingono una società a effettuare un aumento di capitale a pagamento sono due:

- Reperire liquidità per investimenti.
- Ricostituire il capitale sociale a causa di una situazione finanziaria negativa.

Se l'aumento di capitale è fatto per permettere alla società di fare nuovi investimenti questo probabilmente in futuro farà aumentare il valore dell'azione e dunque ci sono le prospettive per investire e sottoscrivere nuove azioni.

Viceversa, se l'aumento di capitale serve per risollevarsi da una situazione finanziaria negativa è probabile che l'azionista decida di vendere i suoi diritti di opzione.

Aumento con emissione di obbligazioni e warrant

Vediamo ora un esempio di aumento di capitale a pagamento in forma mista, con contestuale emissione di azioni, obbligazioni convertibili e warrant.

Si consideri la seguente situazione iniziale in cui una società approva un aumento di capitale da effettuarsi con l'offerta di:

- 1 azione con warrant ogni 5 azioni possedute al costo di sottoscrizione di 4 euro. I 5 warrant permettono, entro il termine di 2 anni, di sottoscrivere 1 azione al prezzo di esercizio (costo di sottoscrizione) di 2 euro.

- 2 obbligazioni convertibili (tasso di rendimento nominale 2%) ogni 5 azioni possedute emesse alla pari (il costo di sottoscrizione è uguale al valore nominale delle obbligazioni, ovvero 6 euro). Ogni obbligazione convertibile può essere convertita entro 4 anni in 1 azione al valore nominale (6 euro).

Per calcolare i diritti di opzione teorici si ipotizza che l'esercizio del warrant avvenga a fine periodo.
Alla convertibile è stato attribuito il valore dell'azione corrispondente.
Si ipotizza, infine, che il valore di mercato dell'azione prima delle operazioni sul capitale sia 9 euro.
Il calcolo del valore teorico dell'azione successivo all'aumento di capitale considera il caso di conversione ed esercizio totali.
Sappiamo che servono 5 warrant per sottoscrivere 1 azione, pertanto, affinché mi vengano attribuite 5 azioni nuove, devo possedere 25 azioni vecchie.

21

Quindi, per fare un aumento completo si devono possedere 25 azioni vecchie, con le quali si ottengono 5 azioni nuove, 5 warrant (con i quali si ottiene 1 azione) e 10 obbligazioni convertibili. Considerando quindi il possesso di 25 azioni si ottiene il seguente prezzo teorico di equilibrio:

$$PTAex =$$
$$[25 * 9) + (5 * 4) + (10 * 6) + (1 * 2)] / (25 + 5 + 10 + 1) \approx$$
$$7,49 \text{ euro}$$

Trovato PTAex, si stima il valore di equilibrio del diritto di opzione dell'obbligazione convertibile:

$$DOTobb = (7,49 - 6) \times (10/25) \approx 0,6 \text{ euro}$$

Per il calcolo della parità teorica del diritto di opzione della parte azionaria DOTaz si deve considerare anche il valore del warrant, poiché la sottoscrizione delle azioni può avvenire anche con l'esercizio del warrant.
Ipotizziamo per semplicità che il valore del warrant (di solito calcolato applicando il modello di Black e Scholes), sia pari al prezzo di esercizio, ossia 2 euro.

Pertanto:

$$DOTaz =$$
$$[(7,49 - 4)(5) + (7,49 - 2)(1)] / 25 \approx$$
$$0,89 \text{ euro}$$

Sommando i due diritti si ottiene il valore del diritto di opzione totale:

$$DOTtot =$$
$$(9 - 7,49) \approx (0,6 + 0,89) =$$
$$1,49 \text{ euro}$$

Il prezzo teorico della convertibile si ottiene dal rapporto tra PTAex e il valore nominale dell'obbligazione moltiplicato per 100:

$$PTOex =$$
$$(PTAex / CSobb) \times 100 =$$
$$(7,49 / 6) \times 100 = 101,25$$

Aumento con emissione di obbligazioni e warrant

Vediamo ora un esempio di aumento di capitale a pagamento in forma mista, con contestuale emissione di azioni, obbligazioni convertibili e warrant.
Si consideri la seguente situazione iniziale in cui una società approva un aumento di capitale da effettuarsi con l'offerta di:

* 1 azioni ordinaria con warrant ogni 10 azioni ord./risp. a 3,6 euro. I 10 warrants possono essere utilizzati entro 3 anni, per sottoscrivere 1 azione ordinaria a 4 euro.
* 3 obbligazioni 2% ogni 10 azioni alla pari (il valore nominale delle obbligazioni è di 5,5 euro). Le obbligazioni possono essere convertite entro 5 anni in una azione ordinaria alla pari.

Nel calcolo dei diritti teorici si è ipotizzato di esercitare il warrant a fine periodo e di stimare il valore con il modello di Black e Scholes. Alla convertibile è stato attribuito il valore dell'azione corrispondente.
Si procede al calcolo del valore teorico dell'azione ex nell'ipotesi di conversione ed esercizio totali.
Per fare un aumento completo si devono possedere 100 azioni "vecchie" e si ottengono 30 azioni "nuove", 30 warrant e 30 convertibili.
Disponendo di 30 warrants e di 30 convertibili si ottengono rispettivamente 3 e 30 azioni "nuove".
In totale le azioni "nuove" sono 63 e si aggiungono alle 100 "vecchie".

PTA ex = [(100 * 7,6) + (30 * 3,6) + (30 * 5,5) + (3 * 2)]

/

24

$$(100 + 30 + 30 + 3) =$$
6,37 euro

Si stima la parità teorica della convertibile:

DOTobbl. = **(6,37 - 5,5) * (30 / 100) = 0,26**

Il calcolo del DOTaz. richiede la conoscenza del valore del warrant, perché la sottoscrizione delle ordinarie può avvenire anche con l'esercizio del warrant.
Applicato il modello di Black e Scholes, si è ottenuto per il warrant, il valore di 2 euro.

DOT az. =
[(6,37 - 3,6) * (30) + (6,37 - 2) * (3)] / 100 =
0,96

La somma dei diritti corrisponde al diritto totale.

DOT = (7,6 - 6,37) = (0,96 + 0,26) = 1,22 euro

Il prezzo teorico della convertibile è dato dal rapporto tra il prezzo ex dell'azione diviso il nominale dell'obbligazione per 100. Si ricorda che la convertibile quota, come i bond, in percentuale.

PTobbl.cv. = **(6,37 / 5,5) * 100 = 115,82**

E' lecito chiedersi perché l'emittente offra convertibili.
Il collocamento dell'obbligazione consente di acquisire risorse a un tasso inferiore a quello che si paga sui bond "semplici" con la possibilità di trasformare il debito, in tutto o in parte in azioni.

25

Il risparmiatore a sua volta, ha un tempo maggiore per decidere: acquisire le azioni convertendo, vendere il titolo o mantenerlo come pura obbligazione.

Considerazioni simili si possono fare per il warrant: lo si può esercitare o cedere sul mercato.

La regola è sempre la stessa:

- se il valore teorico è maggiore di quello di mercato conviene offrire lo strumento (convertibile o warrant)
- mentre conviene esercitare nell'ipotesi contraria.

I Covered Warrant

I covered warrant sono strumenti finanziari derivati che conferiscono il diritto di acquistare (covered warrant call) o di vendere (covered warrant put) un'azione o un'altra attività finanziaria, chiamata sottostante o underlying, a un prezzo prestabilito, lo strike price, contro il pagamento diun premio alla o entro la data di scadenza, a seconda che si tratti rispettivamente di covered warrant di stile europeo o americano. Si distinguono, infatti:

- Covered warrant di stile europeo, che consentono di esercitare il diritto solo alla scadenza.

- Covered warrant di stile americano, checonsentono l'esercizio del diritto in ogni momento, dal primo giorno di negoziazione fino alla data di scadenza.

Per quanto concerne invece le finalità, l'esigenza dell'emissione non è più quella di raccogliere capitale ma quella di far assumere al covered warrant un ruolo autonomo rispetto all'emittente dei titoli sottostanti.

Prima di tutto si deve distinguere tra warrant "in senso stretto" e covered warrant.

- I Warrant sono emessi da società per azioni nell'ambito di un aumento di capitale condizionato, e sono quasi sempre abbinati a un'obbligazione e a un warrant (si parla, infatti, di obbligazione cum warrant). Tali strumenti si riferiscono ad azioni di nuova emissione. Con l'esercizio del warrant la società aumenta il capitale proprio e il numero delle azioni in circolazione.

- I covered warrant rappresentano un'evoluzione dei tradizionali warrant. A differenza del semplice warrant, può avere come attività sottostanti oltre

27

alle azioni anche obbligazioni, indici azionari o obbligazionari o panieri di titoli, valute o tassi di interesse. Si tratta sostanzialmente di strumenti finanziari identici ai warrant ma che si distinguono da questi ultimi per emittente e finalità dell'emissione, essendo collocati da soggetti diversi e indipendenti dagli emittenti dell'attività sottostante.

A rendere il covered warrant più appetibile e anche il cosiddetto effetto leva, cioè la possibilità di partecipare in modo più che proporzionale alle variazioni del sottostante. In Italia, la maggior parte dei covered warrant è quotata in borsa. Per acquistarli l'investitore dà semplicemente ordine alla propria banca o sim di negoziare i titoli in borsa sul mercato telematico dedicato ai covered warrant. Per quanto riguarda i covered warrant non quotati, l'investitore può richiedere alla propria banca di contattare l'emittente per una transazione "Over- the-counter" o di eseguire la transazione su sistemi di scambi organizzati (SSO), qualora ne siano oggetto. Attraverso i covered warrant l'investitore ha la possibilità di partecipare a un determinato trend di mercato conoscendo in anticipo la perdita massima realizzabile, corrispondente al premio pagato per l'acquisto del covered, a fronte di un profitto potenzialmente illimitato, potendo beneficiare dell'effetto leva dello strumento. Entro la data di scadenza nel caso dei covered warrant di stile americano o alla data di scadenza nel caso di quelli di stile europeo, l'investitore può esercitare il diritto conferitogli dal covered warrant, incassando un controvalore pari alla differenza, se positiva, tra il prezzo di mercato dell'attività sottostante e lo "strike price".

Alternativamente l'investitore può vendere prima della scadenza il covered in Borsa come un normale titolo azionario per monetizzare l'eventuale profitto. I covered warrant sono opzioni cartolarizzate che presentano gli stessi elementi standard e le stesse caratteristiche finanziarie dei contratti di opzioni; gli elementi standard sono le caratteristiche associate a ciascun covered warrant durante tutta la sua vita, che permettono di identificarlo in maniera univoca.

I covered warrant possono avere come sottostante le seguenti attività finanziarie:

- Azioni italiane o estere a elevata liquidità quotate inBorsa in Italia o in un altro stato.
- Titoli di Stato a elevata liquidità negoziati sui mercati regolamentati.
- Tassi di interesse ufficiali o generalmente utilizzatisul mercato dei capitali.
- Valute, per proteggere investimenti in attività finanziarie denominate in valuta estera dal rischio di oscillazioni del tasso di cambio di riferimento.
- Indici o panieri di indici, per proteggere dal rischio di ribassi azionari portafogli di titoli ben diversificati, il cui andamento è assimilabile agli indici di riferimento dei mercati ufficiali.
- Materie prime, quali oro, petrolio, caffè.

Oltre a quelle appena citate possono essere ammesse altre attività sottostanti purché soddisfino i requisiti presenti nel regolamento di Borsa Italiana, in modo particolare con elevata liquidità dello strumento e disponibilità di informazioni continue e aggiornate sui prezzi.

L'emittente è la banca o l'ente che emette i covered warrant e che a tutti gli effetti rappresenta l'obbligato principale nei confronti dell'investitore. L'emittente indica l'istituzione finanziaria che emette i covered warrant e garantisce la liquidazione del valore di rimborso alla scadenza o in caso di esercizio anticipato. L'emittente dei covered warrant deve rispettare determinati vincoli di solidità patrimoniale e deve assicurare agli strumenti emessi elevata liquidità sul mercato, adempiendo a quest'ultimo obbligo svolgendo o delegando a un altro soggetto l'attività di market maker.

- Il market maker è la figura che assicura la liquidità sul mercato esponendo in via continuativa i prezzi denaro (acquisto) e i prezzi lettera (vendita) per tutti i covered warrant dell'emittente, in modo tale da rendere lo strumento facilmente negoziabile in qualsiasi momento della seduta di Borsa durante l'orario di negoziazione.

L'emittente presenta un profilo di rischio speculare a quello del portatore del covered warrant; infatti, mentre l'acquirente si riserva un diritto, l'emittente assume contestualmente un obbligo. Sulla base dei regolamenti vigenti, l'emittente deve soddisfare dei requisiti minimi con riferimento a patrimonio di vigilanza, sistemi di gestione e controllo rischi e di pubblicità e certificazione del bilancio. Deve presentare, inoltre, dei requisiti che ne assicurino la solvibilità e deve far fronte a una serie di formalità per poter ottenere le autorizzazioni da parte delle autorità competenti. In Italia possono emettere warrant società o enti nazionali o esteri che sono sottoposti a vigilanza da parte della Banca d'Italia e della Consob. I covered warrant consentono di ottenere delle performance amplificate rispetto all'investimento diretto nel sottostante, grazie all'effetto leva che li caratterizza. A fronte della possibilità di ottenere maggiori guadagni, questi strumenti comportano, tuttavia, rischi di perdite altrettanto significative: è possibile, infatti, nella peggiore delle ipotesi, perdere l'intero capitale investito.

Va ricordato anche che i covered warrant possono essere utilizzati anche per finalità di copertura di rischi. Un utilizzo meno noto dei covered warrant è quello di proteggere il proprio investimento in caso di condizioni di mercato avverso. Si possono utilizzare i covered warrant per coprire il proprio portafoglio dal rischio di perdite in conto capitale attraverso:

- I covered warrant su tassi di cambio per proteggere investimenti in attività finanziarie denominate in valuta estera dal rischio di oscillazioni del tasso di cambio di riferimento.

- I covered warrant su indici per proteggere dal rischio di ribassi azionari portafogli di titoli ben diversificati, il cui andamento è assimilabile agli indici di riferimento dei mercati ufficiali.

Moneyness

La relazione fra il prezzo del sottostante e il prezzo di esercizio, strike price, determina anche la cosiddetta moneyness di un covered warrant. Questo concetto esprime la distanza fra i due prezzi. I covered warrant, a seconda della posizione dello strike price rispetto al prezzo corrente del sottostante, siano essi su indici o su titoli, si definiscono:

At-the-money (ATM)

- Un covered warrant call è at-the-money quando lo strike è "circa" uguale al prezzo del sottostante.

In questo caso è indifferente esercitare il covered warrant. Esempio: un covered warrant call sul titolo Fiat con strike 27, quando il valore del titolo è pari a 26,90 euro, può essere considerato at-the-money.

- Un covered warrant put è at-the-money quando il suo strike è uguale, o comunque molto vicino, al prezzo del sottostante.

In questo caso è indifferente esercitare l'opzione. Esempio: un covered warrant put sull'indice FTSE MIB, con strike 34.000 e il valore dell'indice pari a 34.020 è at-the-money.

Out-the-money (OTM)

- Un covered warrant call è out-of-the money quando il suo strike è maggiore del prezzo corrente del sottostante e, quindi, l'acquirente del coverd warrant rinuncia all'esercizio.

In questo caso, infatti, non è conveniente esercitare il covered warrant.

Esempio: un covered warrant call sull'indice FTSE MIB, con strike 34.300 quando il valore dell'indice MIB 30 pari a 34.000 è out-of-the-money di 300 punti indice.

- Un covered warrant put è out-of-the-money quando il suo strike è inferiore al prezzo corrente del sottostante e quindi l'acquirente del covered warrant rinuncia all'esercizio. In questo caso, infatti, non è conveniente esercitare l'opzione. Esempio: Un covered warrant put sul titolo Olivetti, con strike 2,8, quando l'azione vale 2,95 euro, è out- of-the-money di 0,15 euro.

In-the-money (ITM)

- Un covered warrant call è in-the-money, quando lo strike price è inferiore al prezzo corrente del sottostante. In questo caso vi è convenienza a esercitare l'opzione.

Il significato economico di un covered warrant call in-the-money è dato dal diritto per l'acquirente di acquistare, attraverso l'esercizio del covered, il sottostante a un prezzo inferiore a quello presente sul mercato cash e, quindi, di ottenere un profitto dall'esercizio del covered warrant stesso. Esempio: Un covered warrant call sui titoli Banca Intesa, con strike pari a 17 quando il titolo vale 18 euro, è in the money; infatti, lo strike è inferiore al prezzo corrente del titolo e il covered warrant è in- the-money di 1 euro.

- Un covered warrant put è in-the-money quando ilsuo strike è superiore al prezzo del sottostante. In questo caso vi è convenienza a esercitare l'opzione.

Il significato economico di un covered warrant put in-the-money consiste nel diritto per l'acquirente del covered di vendere, attraverso l'esercizio del covered warrant, il sottostante a un prezzo superiore a quello presente sul

mercato cash e quindi di ottenere un profitto dall'esercizio del covered stesso.
Esempio: Un covered warrant put sull'indice FTSE MIB, con strike 44.500, e il valore dell'indice pari a 44.000, è in-the-money di 500 punti indice.

Quando un covered warrant è in-the-money è sempre conveniente il suo esercizio, ma non è detto che il risultato globale dell'operazione sia positivo: la differenza tra prezzo di mercato e prezzo di esercizio potrebbe non compensare il premio pagato all'inizio del contratto. Pertanto il punto di pareggio per l'acquirente di un covered call è costituito da un prezzo di mercato dell'asset sottostante uguale al prezzo di esercizio aumentato del premio.
Possiamo quindi affermare che:

Acquirente call

- Perdita massima uguale al premio pagato.
  Nel caso le condizioni di mercato non rendano conveniente l'esercizio del covered warrant non si hanno altri obblighi e l'unico esborso è costituito dal premio.
- Guadagno massimo potenzialmente illimitato.
  Si usa questa notazione per indicare il fatto che non è possibile conoscere il valore futuro di mercato del sottostante; questo potrebbe anche crescere in maniera illimitata e quindi la differenza tra prezzo di mercato e prezzo di esercizio guadagnata dal compratore potrebbe essere illimitata.

Venditore call

- Guadagno massimo uguale al premio pagato.

Nel caso le condizioni di mercato non rendano conveniente l'esercizio del covered warrant il premio è comunque acquisito.

- Perdita massima potenzialmente elevata.

Come spiegato per l'acquirente, non è possibile conoscere il valore futuro di mercato del sottostante; il venditore potrebbe essere costretto a vendere il sottostante a un prezzo decisamente inferiore al prezzo di mercato.

Lo stesso vale nel caso opposto. Quando il covered warrant put è in the money è sempre conveniente il suo esercizio, ma non è detto che il risultato globale dell'operazione sia positivo: il guadagno, che è pari alla differenza tra prezzo di esercizio e prezzo di mercato potrebbe non compensare il premio pagato all'inizio del contratto. Pertanto il punto di pareggio per l'acquirente di un covered warrant put è costituito da un prezzo di esercizio dell'asset sottostante uguale al prezzo di mercato aumentato del premio.

Possiamo quindi affermare che:

Acquirente put

- Perdita massima uguale al premio pagato. Nel caso le condizioni di mercato non rendano conveniente l'esercizio del covered warrant non si hanno altri obblighi e l'unico esborso è costituito dal premio.

- Guadagno massimo uguale al prezzo di esercizio meno il premio. Si pensi al caso limite in cui il prezzo di mercato sia zero (il sottostante non ha nessun valore); io posso ugualmente venderlo e ottenere così una somma di denaro per qualcosa che non vale.

35

Venditore put

- Guadagno massimo uguale al premio pagato. Nel caso le condizioni di mercato non rendano conveniente l'esercizio dell'opzione il premio è comunque acquisito.
- Perdita massima uguale al prezzo di esercizio meno il premio. Si pensi al caso limite in cui il prezzo di mercato sia zero (il sottostante non ha nessun valore); analizzando il punto di vista del venditore, egli è costretto a pagare il prezzo di esercizio per un'attività che non ha valore.

Considerando, ad esempio, dei covered warrant sul titolo Generali aventi uno strike price pari a 15 euro avremo:

Prezzo dell'Azione: 10
Call Warrant: OTM
Put Warrant: ITM

Prezzo dell'Azione: 15
Call Warrant: ATM
Put Warrant: ATM

Prezzo dell'Azione: 20
Call Warrant: ITM
Put Warrant: OTM

Negoziazione

Il mercato Sedex è suddiviso in diversi segmenti:
- Covered warrant plain vanilla: call o put con strikediverso da zero.
- Covered warrant strutturati/esotici: combinazione dicall e put.

- Leverage Certificates: cetificati che replicano, coneffetto leva, l'attività sottostante.
- Investment Certificates A: certificati che replicano,senza effetto leva, un'attività sottostante.
- Invesmente Certificates B: certificati che replicano con caratteristiche accessorie o esotiche una determinata attività sottostante.

Gli Investment Certificates di classe A e B, strumenti molto simili fra loro che nel primo caso riflettono il livello di mercato del sottostante e nel secondo ne sintetizzano il valore, si differenziano dai covered warrant tradizionali e dai leverage certificates in quanto non hanno un effetto leva.
Le negoziazioni si svolgono secondo le modalità della negoziazione continua e gli orari sono così articolati:
- cancellazione proposte: 08.00 - 09.00
- negoziazione continua: 09.05 - 17.25
- after hour: 18.00 - 20.30

Durante la sessione di negoziazione continua i contratti vengono conclusi mediante l'abbinamento automatico delle proposte di acquisto o di vendita presenti sul book e ordinate secondo criteri di priorità di prezzo e di tempo. I contratti di compravendita sono liquidati il terzo giorno di borsa aperto successivo alla stipula. Il Market Maker si impegna a esporre in via continuativa su tutte le proprie serie quotate, proposte in acquisto e in vendita a prezzi che non si discostino tra loro in misura superiore al differenziale massimo (spread) e per un quantitativo minimo definito da Borsa Italiana.
In caso di applicazione delle quotazioni esposte gli specialisti si impegnano a ripristinare le stesse entro cinque minuti.

Redditività dei covered warrant

Per valutare la redditività di un investimento in covered warrant bisogna conoscere i parametri che determinano il valore dei covered warrant stessi, parametri che si muovono, in buona parte, indipendentemente l'uno dall'altro:

- Prezzo di esercizio.
- Rapporto di conversione.
- Prezzo del sottostante.
- Valore intrinseco.
- Valore temporale.
- Volatilità attesa del sottostante.
- Vita residua del CW.
- Rendimento atteso del sottostante.
- Tassi di interesse.
- Esercizio del CW.

- Il prezzo d'esercizio, strike price, è il prezzo al quale il sottostante può essere acquistato da un possessore di covered warrant call o venduto da un possessore di covered warrant put.

Il prezzo d'esercizio viene fissato al momento dell'emissione; a seguito di operazioni sul capitale (ad esempio, split di azioni o aumenti di capitale) di una società le cui azioni costituiscono l'attività sottostante di un covered warrant, può aver luogo un aggiustamento del prezzo d'esercizio e del rapporto di conversione.
Tale aggiustamento viene effettuato dall'emittente conformemente all'operazione sul capitale della società.
Nel caso di covered warrant con sottostante al di fuori

dell'area Euro, il prezzo d'esercizio è, di solito, espresso nella rispettiva valuta del paese, anche se il prezzo del covered è solitamente in Euro, mentre all'interno dell'area Euro è quotato in Euro.

Bisogna, quindi, considerare che se i covered warrant sono quotati in Euro, ma il sottostante è espresso in una valuta differente, anche le oscillazioni del tasso di cambio possono influenzare la redditività.

- Il rapporto di conversione indica il numero di covered warrant necessari per comprare (call) o vendere (put) un'unità del sottostante.

Il multiplo/parità indica il numero di attività sottostanti per ciascun covered warrant. Se, ad esempio, il detentore di un covered warrant call con prezzo d'esercizio di 100 Euro e rapporto di conversione 10:1 intende esercitare il suo diritto durante il periodo che va dall'acquisto alla scadenza, gli occorrono 10 covered warrant per acquistare un'azione da 100 Euro. Nel caso sia concordata la liquidazione per contanti (cash settlement), la differenza tra il prezzo attuale dell'azione all'esercizio/scadenza del covered warrant e il prezzo d'esercizio fissato è accreditata all'investitore nel rapport 10:1.

- Prezzo del sottostante: come abbiamo visto, un covered warrant può essere definito uno strumento finanziario derivato in quanto il suo valore dipende dalle caratteristiche e dall'andamento di un'altra attività finanziaria sottostante.

Il covered warrant call incorpora il diritto ad acquistare il sottostante a determinate condizioni mentre il covered warrant put incorpora il diritto a vendere. Lo strike è quindi il prezzo a cui è possibile esercitare il diritto di acquistare (call) o vendere (put) il sottostante. Possiamo, quindi, affermare che il prezzo dell'attività sottostante è uno dei fattori principali che determinano il prezzo di un

covered warrant.
Poiché lo strike è un elemento invariabile del covered warrant, è logico che all'aumentare del valore del sottostante aumenti il valore di rimborso al momento dell'esercizio. Infatti, se il covered warrant che conferisce il diritto di acquistare a 60 euro l'azione ALFA, vale 1,25 euro quando il prezzo di mercato di ALFA è 60 euro, lo stesso diritto avrà un maggior valore se il prezzo di ALFA passa a 61 euro, ad esempio 2,25 euro.

Allo stesso modo, nel caso di un covered warrant put, lo stesso strike perderà di valore perché le condizioni di mercato sono meno favorevoli; si ha il diritto di vendere a 60 euro l'azione ALFA che ora vale 61 euro. Nel caso in cui il prezzo del sottostante decresca, si osserverà pertanto una diminuzione nel valore del covered warrant call e un apprezzamento del covered warrant put.

La relazione fra sottostante e valore del covered warrant può essere sintetizzata graficamente come segue:

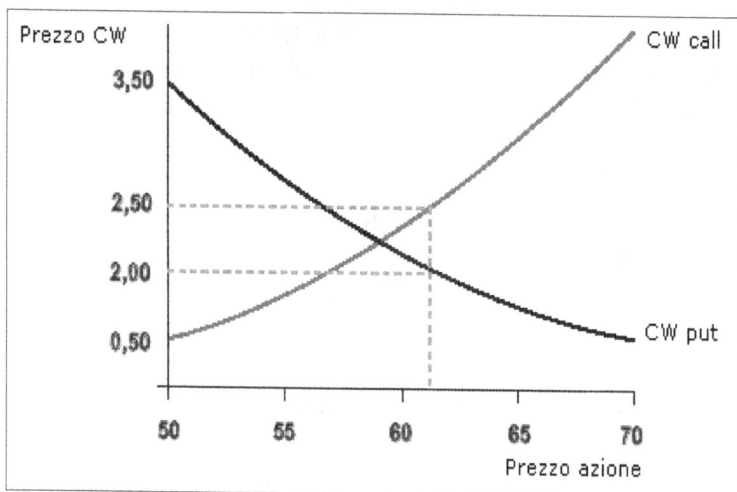

- Il valore intrinseco coincide con l'importo di rimborso che si riceve in caso di esercizio.

La determinazione di questa componente scaturisce dalla

differenza fra lo strike e il prezzo corrente del sottostante. Il valore intrinseco può essere positivo o nullo, ma non può essere negativo per la caratteristica tipica dei covered warrant. Un valore intrinseco pari a zero significa che l'intero premio del covered warrant è costituito dal valore temporale.
Per un covered warrant call il valore intrinseco corrisponde alla differenza, se positiva, tra il prezzo attuale del sottostante e il prezzo d'esercizio, tenuto conto del rapporto di conversione.
Per un covered warrant put il valore intrinseco corrisponde alla differenza, se positiva, tra il prezzo d'esercizio e il prezzo attuale del sottostante, sempre tenuto conto del rapporto di conversione.
Il Valore intrinseco è quindi dato da:

CW call = Max[0 ; (Valore di riferimento del sottostante - Strike)] x multiplo / (Euro/FX)

CW put = Max[0 ; (Strike - Valore di riferimento del sottostante)] x multiplo / (Euro/FX)

Che corrisponde esattamente alla formula che si applica per determinare l'importo di rimborso in caso di esercizio.

I covered warrant che hanno un valore intrinseco si dicono "In-the-money".
Un CW (call) è In-the money quando lo strike è inferiore al valore corrente del sottostante. Il valore intrinseco di un CW In-the-money è maggiore di zero perché il portatore del CW ha diritto ad acquistare il sottostante a un prezzo inferiore rispetto a quello di mercato e quindi risulta economicamente conveniente esercitare il CW.
Quelli che non hanno valore intrinseco si dicono "Out-of-the-money".

41

Un CW (call) è Out-of-the money quando lo strike è superiore al valore corrente del sottostante. Il valore intrinseco di un CW call Out-of-the-money è zero perché il portatore del CW ha diritto ad acquistare il sottostante a un prezzo superiore rispetto a quello di mercato e quindi non è economicamente conveniente esercitare il CW.

Nel caso in cui lo strike coincida con il valore corrente del sottostante i covered warrant sono detti "At-the-money".

Un CW (call) è At-the money quando lo strike è uguale, o molto vicino, al valore corrente del sottostante. Il valore intrinseco di un CW At-the-money è zero perché il portatore del CW ha diritto ad acquistare il sottostante a un prezzo uguale a quello di mercato e quindi non è economicamente conveniente esercitare il CW.

Riassumiamo con una tabella di esempio riguardante un'azione ALFA del valore di 60:

Vita residua	Strike	Moneyness
3 mesi	50	
3 mesi	56	Covered warrant
6 mesi	55	In-the-money
6 mesi	58	
3 mesi	59,5	
3 mesi	60	Covered warrant
6 mesi	60	At-the-money
6 mesi	60,5	
3 mesi	63	
3 mesi	65	Covered warrant
6 mesi	65	Out-of-the money
6 mesi	71	

Esempio

Il Consiglio di amministrazione di una società delibera di frazionare la sua azione nel rapporto 2:1 (cosiddetto split dell'azione 2:1). Al momento dell'operazione sul capitale, conformemente ai dati prefissati, si effettuerà un aggiustamento del prezzo d'esercizio e del rapporto di conversione del covered warrant.

- Prezzo di esercizio prima dello split dell'azione: 100Euro.
- Rapporto di conversione prima dello split dell'azione: 10:1.
- Prezzo di esercizio dopo lo split dell'azione: 50 Euro.
- Rapporto di conversione dopo lo split dell'azione:5:1.

Calcoliamo ora il valore intinseco, che è dato, a seconda si tratti di covered warrant call o put, da:

Valore intrinseco (call) =
(prezzo del sottostante - prezzo d'esercizio) / rapporto di conversione call

se il prezzo del sottostante è maggiore del prezzo di esercizio, altrimenti = 0.

Valore intrinseco (put) =
(prezzo d'esercizio - prezzo del sottostante) / rapporto di conversion put

se il prezzo del sottostante è maggiore del prezzo di esercizio, altrimenti = 0.

Esempio

Il covered warrant call ha un rapporto di conversione 10:1 (10 covered warrant danno diritto all'acquisto di 1 azione oppure alla corrispettiva liquidazione per contanti. Il prezzo dell'azione è di 120 Euro. Il prezzo d'esercizio ammonta a 100 Euro.

Valore intrinseco (call) =
(120 Euro - 100 Euro) / 10:1 = 20/10 = 2 euro

Per l'opzione di stile europeo il valore intrinseco esiste solo in senso puramente aritmetico in quanto il diritto d'opzione può essere esercitato solo alla scadenza.

Il covered warrant ha un valore intrinseco, quando il prezzo del sottostante, il call (put), è superiore (inferiore) al prezzo d'esercizio e in questo caso il covered warrant è detto In-the-money.

Se il prezzo del sottostante è uguale al prezzo d'esercizio, il warrant ha valore intrinseco pari a zero e il covered warrant è detto At-the-money.

Quando il prezzo del sottostante per un call (put) covered warrant è inferiore (superiore) al prezzo d'esercizio, il valore intrinseco è comunque pari a zero e il warrant è detto Out-of-the-money.

Riassumento:

* Prezzo del sottostante > prezzo d'esercizio
* Call: in-the-money
* Put: out-of-the-money

* Prezzo del sottostante = prezzo d'esercizio
* Call: at-the-money
* Put: at-the-money

* Prezzo del sottostante < prezzo d'esercizio

- Call: out-of-the-money
- Put: in-the-money

Esempio

Un covered warrant call ha un rapporto di conversion di 10:1. Se il prezzo attuale dell'azione quota 120 euro, vale a dire sopra il prezzo d'esercizio di 100 euro, il covered warrant call è In-the-money. Tenuto conto del rapporto di conversion 10:1, il call ha un valore intrinseco di 2 Euro.

Esempio

Il valore intrinseco di un covered warrant call con strike 30 sull'azione Generali e un multiplo pari a 1, considerando un prezzo di mercato di 35 euro, sarà pari a 5 euro:
Euro (35 - 30) x 1= 5 Euro
Possiamo quindi affermare che:
Valore Intrinseco > 0. Il covered warrant sarà In the money.
Valore Intrinseco = 0. Il covered warrant sarà At the money.
Valore Intrinseco < 0. Il covered warrant sarà ut of the Money.

- Il valore temporale riflette la probabilità che si verifichino incrementi di valore nel sottostante.

Tanto maggiore è questa possibilità, considerata dalla data dell'acquisto, tanto più alto e il valore temporale. A parità di altri fattori raggiunge il suo massimo valore quando il prezzo del sottostante e il prezzo d'esercizio si equivalgono. Il valore del tempo è quindi il sovrapprezzo, rispetto al valore intrinseco, che rappresenta la possibilità di ottenere maggiori guadagni futuri. L'entità di questa componente dipende dagli altri fattori sopra elencati, di cui in primis dalla vita residua del covered warrant e dalla volatilità attesa del sottostante. Sia per i covered warrant di tipo call sia per quelli di tipo put è possibile affermare che il trascorrere del tempo gioca a sfavore dell'investitore in covered warrant, in quanto i covered warrant perdono di valore con il passare del tempo e all'approssimarsi della scadenza.

Più è In-the-money o Out-of-the-money l'opzione, tanto minore è il valore temporale. Il valore temporale e detto, talvolta, anche premium. Il valore temporale diminuisce con l'approssimarsi della data di scadenza, ma il suo andamento non e però lineare; all'inizio è relativamente basso e aumenta progressivamente con il passare del tempo. Alla scadenza del warrant il valore temporale è nullo.

Il valore del warrant si avvicina, quindi, con il passare del tempo, sempre più al valore intrinseco e alla scadenza coincide con quest'ultimo. Se il valore intrinseco è nullo, anche il warrant non ha alcun valore. Il parametro che indica il diminuire del tempo e chiamato theta.

Riassumendo:

- Prezzo warrant = valore intrinseco + valore temporale
- Valore temporale = prezzo warrant- valore intrinseco

Esempio

Un covered warrant call ha un prezzo d'esercizio di 100 Euro. Il rapporto di conversione è 1:1
Il prezzo del sottostante è di 108 Euro.

- Valore intrinseco: 8 euro
- Valore temporale: 2 euro
- Prezzo covered warrant: 10 euro.

Esempio

Un covered warrant put ha un prezzo d'esercizio di 100 Euro. Il rapporto di conversione è 1:1
Prezzo del sottostante è di 92 Euro.

- Valore intrinseco: 8 euro
- Valore temporale: 2 euro
- Prezzo covered warrant: 10 euro.

Alla data di scadenza il valore temporale sarà nullo, vale a dire che il prezzo del covered warrant e il valore intrinseco si equivarranno. La linea del valore temporale si avvicina, durante la vita del warrant, alla linea del valore intrinseco, ealla data di scadenza coincide con quest'ultima.

- La volatilità attesa è la misura della variabilità che ci si aspetta dal prezzo del sottostante durante la vita del covered warrant, in termini di dimensione e frequenza delle oscillazioni della quotazione del sottostante ed è espressa inpercentuale.

E' uno dei concetti più complessi relativi ai covered warrant. I movimenti della volatilità influenzano la componente del valore temporale del prezzo di un covered warrant; il valore temporale di un covered warrant è il sovrapprezzo, rispetto al valore intrinseco, che rappresenta la possibilità di ottenere maggiori guadagni futuri. Intuitivamente si può capire che quanto più sono ampie e frequenti le variazioni di prezzo del sottostante, tanto maggiore è la possibilità che aumenti il valore di rimborso in caso di esercizio. Per questo motivo, a parità di tutte le altre condizioni, hanno un prezzo maggiore i covered warrant su sottostanti che ci si attende più volatili entro la data di scadenza del covered warrant stesso. Ciò significa che, quanto maggiore è la volatilità attesa del sottostante, tanto più costosi saranno i covered warrant sul mercato. All'aumentare della

47

volatilità attesa aumenta sia il prezzo dei covered warrant call sia quello dei covered warrant put; i prezzi di entrambe le tipologie di covered warrant aumentano in quanto non è noto a priori in che direzione il prezzo del sottostante varierà, ma solo che varierà; per prevedere la volatilità di un sottostante si può far riferimento alle variazioni registrate nel passato (volatilità storica) e a tutte le notizie di mercato che potranno rendere la quotazione del sottostante più o meno stabile.

La volatilità attesa del sottostante gioca, quindi, a favore dell'investitore in covered warrant, ossia il valore di un covered warrant aumenta se la volatilità aumenta, e diminuisce nel caso contrario.

Il rendimento del sottostante e i tassi di interesse hanno un'incidenza secondaria, rispetto agli altri fattori, nella determinazione del prezzo dei covered warrant. E' importante osservare che, qualora si eserciti il covered warrant si riceve un importo di rimborso equivalente alla componente "valore intrinseco" del prezzo del covered warrant. Se, invece, si decide di liquidare l'investimento in covered warrant rivendendo gli strumenti sul mercato, si potrà ottenere un prezzo di mercato pari alla somma delle due componenti "valore intrinseco + valore temporale", che ci si può ragionevolmente aspettare sia superiore al valore intrinseco.

E' anche per questo motivo che, in genere, gli operatori preferiscono liquidare la posizione in covered warrant direttamente sul mercato.

Esempio

Consideriamo il seguente covered warrant call su un'azione ALFA con:

- Strike 15 euro.
- Multiplo 0,1.
- Scadenza 5 mesi.
- Prezzo di acquisto 0,218 euro.
- Prezzo dell'azione ALFA sul mercato 17 euro.

Se alla scadenza il prezzo dell'azione è inferiore o uguale allo strike, ad esempio pari a 14 euro, il portatore del covered warrant non avrà diritto ad alcun pagamento e la perdita che deriva dall'investimento è l'intero prezzo pagato per l'acquisto del CW.

Se alla scadenza il prezzo dell'azione è, invece, superiore allo strike, ad esempio pari a 18 euro, il portatore del covered warrant avrà diritto al pagamento di una somma calcolata come segue:

$$\text{Max } [0 \, ; (18 - 15)] \times 0,1 = 0,30 \text{ euro}$$

In questo caso, a fronte di una performance del sottostante, l'azione ALFA, del 5,88%, da 17 euro a 18 euro, l'investimento in covered warrant ha registrato una performance del 37,61%, data dal valore di rimborso a 0,30 euro a fronte di un capitale investito di 0,218 euro.

49

Esempio

- Consideriamo il seguente covered warrant call su un'azione BETA quotata in USD; in questo caso, essendo il sottostante quotato in USD, è necessario tener conto del tasso di cambio EUR/USD.
- Strike 28 USD.
- Multiplo 0,1.
- Scadenza 5 mesi
- Prezzo di acquisto 0,1845 euro.
- Prezzo dell'azione BETA sul mercato 28,50 USD.

Se alla scadenza il prezzo dell'azione BETA è pari, ad esempio, a 27 USD, il portatore del covered warrant non avrà diritto ad alcun pagamento e la perdita che deriva dall'investimento è l'intero prezzo pagato per l'acquisto del CW. Se alla scadenza il prezzo dell'azione è pari, ad esempio, a 30 USD, e il tasso di cambio EUR/USD è pari a 1,20, il portatore del covered warrant avrà diritto al pagamento di una somma pari a:

$$\text{Max } [0 \; ; (31 - 28)] \times 0,1 \; / \; 1,2 = 0,25 \text{ euro}$$

In questo caso, a fronte di una performance del sottostante, l'azione BETA, del 5,26%, da 28,5 USD a 30 USD, l'investimento in covered warrant ha registrato una performance del 35,50% data dal valore di rimborso 0,25 euro a fronte di un capitale investito di 0,1845 euro.

E' importante ricordare che prima della scadenza, tutti i covered warrant possono essere rivenduti sul mercato al prezzo presente sui book di negoziazione.

Esempio

Si consideri il caso di un singolo investitore che decida di comperare 1.000 covered warrant call At the money (ATM) aventi come underlying l'azione Generali, quotata sul mercato al prezzo di 35 euro, pagando un premio di 2 euro (per semplicità si assume un moltiplicatore pari all'unità).

Dopo qualche mese, e comunque prima della scadenza naturale, l'azione Generali si è apprezzata fino a raggiungere sul mercato il prezzo di 38 euro. Assumiamo che il prezzo di mercato del covered warrant sia di 3,60 euro.

In questo caso il valore intrinseco sarà pari a:

38 (prezzo di Generali) - 35 (strike price) = 3 euro

entre il valore temporale sarà:

(prezzo di mercato del warrant - valore intrinseco) =3,60 - 3,00 = 0,6 euro

Nel caso in cui l'investitore eserciti in via anticipata la propria facoltà, incasserà solamente il differenziale cash tra il prezzo di mercato di Generali e lo strike price, cioè 3 euro per ogni warrant esercitato; se invece, opportunamente, deciderà di rivenderli sul mercato, incasserà 3,60 euro per warrant.

La volatilità storica descrive l'ampiezza delle oscillazioni registrate dal prezzo di un'attività finanziaria in un determinato periodo di tempo e per definizione non fornisce alcuna indicazione circa la direzione, l'ampiezza e la frequenza con cui il prezzo varierà in futuro.

51

- Vita residua del covered warrant: il trascorrere del tempo determina una perdita di valore per tutti i covered warrant, indipendentemente dal fatto che siano in the money o out of the money. A parità di tutte le altre condizioni, al diminuire dei giorni restanti alla scadenza del covered warrant diminuiscono le probabilità di ottenere un maggior guadagno futuro, e quindi diminuisce il prezzo del covered warrant. Anche in questo caso è la componente del valore temporale del prezzo del covered warrant a risentirne in maniera negativa. Questo fenomeno viene indicato dal termine tecnico "time decay" ed è tanto più evidente per i covered warrant At-the-money per i quali la componente "valore del tempo" è massima. Il time decay non è lineare, ma subisce un'accelerazione a pochesettimane dalla scadenza. Graficamente il fenomeno del time decay può essere rappresentato come segue:

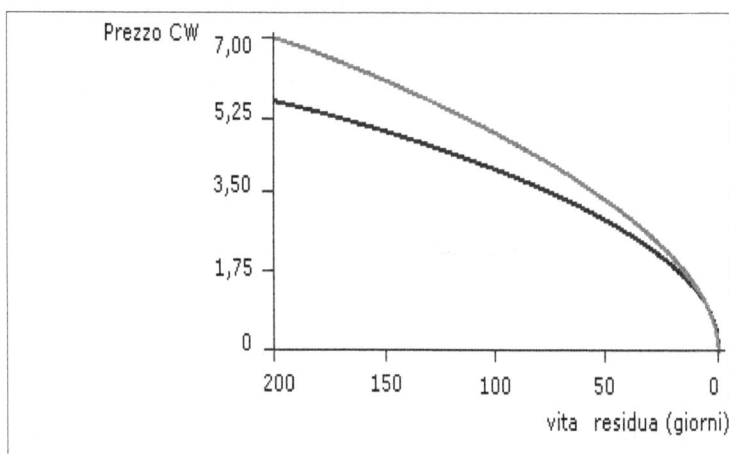

52

- Rendimento del sottostante: le attività finanziarie sottostanti dei covered warrant possono dar luogo a un rendimento per il loro possessore sotto forma di cedola o interessi per le obbligazioni e sotto forma di dividendi per le azioni. La relazione tra rendimento dell'attività sottostante e valore del covered warrant è inversa per i covered warrant call e diretta per i covered warrant put, ovvero:
  - All'aumentare del rendimento atteso del sottostante diminuisce il prezzo di un covered warrant call mentre aumenta quello di un covered warrant put.

La valutazione del rendimento atteso di azioni o indici azionari presenta maggiore incertezza rispetto a quella delle altre attività finanziarie, perché la distribuzione e l'ammontare dei dividendi si possono considerare certi solo nel momento in cui vengono approvati dall'assemblea degli azionisti. Prima dell'approvazione, invece, il fatto che una società abbia pagato ai suoi azionisti dei dividendi nel passato o abbia espresso l'intenzione di pagarli, non sono elementi sufficienti ad assicurare certezza circa l'entità dei dividendi futuri e la data di pagamento. Variazioni nella politica dei dividendi rispetto alle attese del mercato o a quanto dichiarato dalla società stessa possono incidere sul prezzo dei covered warrant, soprattutto per quelli con vita residua breve. Come sappiamo, il prezzo di un'azione esprime la valutazione del mercato alle attività della società e alle sue prospettive reddituali mentre la distribuzione dei dividendi rappresenta un trasferimento di valore dalla società a favore degli azionisti. Di conseguenza, in corrispondenza della data di "stacco" del dividendo, il prezzo dell'azione si riduce di un ammontare pari al dividendo stesso. A partire da quella data si dice che il titolo quota ex-dividendo: il prezzo di apertura dell'azione è più basso in quanto non incorpora più il diritto al pagamento del dividendo appena staccato.

I covered warrant di stile europeo, non essendo esercitabili anticipatamente prima della scadenza, possono quotare al di sotto del valore intrinseco, scontando nel loro prezzo l'ammontare del dividendo da distribuire. Ne segue che lo stacco dei dividendi è già incorporato nel prezzo del covered warrant fin dalla sua emissione; l'ammontare dei dividendi viene, infatti, inserito nel modello di pricing del covered warrant. Pertanto alla data di stacco del dividendo il prezzo dei covered warrant di stile europeo, a parità di altre condizioni, rimane invariato.

L'effetto dello stacco dei dividendi sul prezzo di mercato dei covered warrant di stile americano è più complesso. I covered warrant di stile americano sono esercitabili in ogni momento prima della scadenza dando luogo al rimborso del valore intrinseco, pari alla differenza, in valore assoluto, tra valore corrente dimercato dell'azione e strike. I covered warrant di stile americano non possono mai quotare al di sotto del valore intrinseco perché ciò darebbe luogo a condizioni di arbitraggio sul mercato; infatti, si potrebbe acquistare il covered warrant a un prezzo inferiore al valore intrinseco ed esercitare anticipatamente, ottenendo un importo pari al valore intrinseco. Il pagamento del dividendo ordinario può avere un impatto non neutrale sul prezzo di mercato.

Ciò accade raramente, ossia soltanto se l'ammontare del dividendo è elevato, i covered warrant sono fortemente in-the-money e prossimi alla scadenza; in questi casi la componente di valore temporale è relativamente più contenuta e lo stacco del dividendo fa diminuire in modo significativo il valore intrinseco dei covered warrant.

54

• Tassi di interesse: la relazione fra i tassi di interesse e il valore di un covered warrant è diretta per i call e inversa per i put; il prezzo di uncovered warrant call aumenta all'aumentare dei tassi di interesse, quello di un covered warrant put diminuisce.

Se i tassi di interesse sono stabili e relativamente bassi, l'impatto di questa variabile di mercato sul prezzo dei covered warrant è trascurabile, soprattutto perché viene "oscurata" da altre variabili più preponderanti come il prezzo e la volatilità attesa del sottostante e la vita residua del covered warrant.

• Esercizio: i covered warrant di stile americano, a differenza dei covered warrant di stile europeo, possono essere esercitati ogni giorno di borsa fino alla data di scadenza (cosiddetto esercizio anticipato).

Se l'acquirente decide di esercitare il covered warrant prima della scadenza, può ottenere, a seconda delle caratteristiche della singola emissione, la consegna dell'attività sottostante o la liquidazione per contanti (cash settlement).

In questo caso rinuncia allo scambio effettivo del sottostante.

L'emittente paga al possessore del covered warrant la differenza tra il prezzo attuale del sottostante e il prezzo d'esercizio, tenuto conto del rapporto di conversione. I covered warrant quotati sul mercato italiano prevedono nella maggior parte dei casi la liquidazione per contanti.

Indipendentemente dal meccanismo della liquidazione, in caso di esercizio anticipato il possessore del covered warrant realizza soltanto il suo valore intrinseco. Il valore temporale, ovvero la componente prezzo che corrisponde alla possibilità di ulteriori incrementi del valore, è ovviamente nullo.

L'investitore può incassare l'intero valore del covered warrant unicamente se lo vende In-the-money.

Dal punto di vista dell'investitore, l'esercizio del covered warrant di stile americano offre comunque vantaggi rispetto a quello europeo; infatti, la possibilità di esercitare in qualsiasi momento il warrant permette all'investitore di realizzare quantomeno il valore intrinseco maturato durante la vita. Per contro, un covered warrant di stile europeo può essere esercitato solo alla scadenza.

- Nel caso di un covered warrant call l'esercizio anticipato può convenire in prossimità dell'ultimo dividendo pagato dal titolo sottostante prima della scadenza del covered, se il covered warrant stesso è sufficientemente In-the-money.

In tal caso, con il "valore temporale" prossimo a zero, il pagamento del prezzo di esercizio in anticipo rispetto alla scadenza può essere più che compensato dal fatto che la liquidazione del covered warrant avviene su un prezzo del sottostante non ancora decurtato dallo stacco del dividendo. L'effettivo calcolo di convenienza dipende dal livello del dividendo, dal tempo a scadenza e dal livello dei tassi di interesse. Un investitore, che intenda acquistare un covered warrant, deve, prima di tutto, chiedersi quanto e disposto a pagare per avere la possibilità di ottenere un reddito futuro, tenendo conto della probabilità che quell reddito si realizzi.

Per calcolare il prezzo di un'opzione, si utilizzano modelli di pricing come, ad esempio, il modello di Black & Scholes, che combinano le diverse variabili e i loro effetti sul prezzo dell'opzione. Ciascuna di queste variabili influenza indipendentemente l'una dall'altra il prezzo del covered warrant e può neutralizzare, aumentare o ridurre l'effetto di un'altra variabile. La matrice del prezzo dell'opzione evidenzia gli effetti dei singoli fattori che influenzano il prezzo di un covered warrant call e di un covered warrant put.

- Se il prezzo del sottostante aumenta, il prezzo di un covered warrant call sale e il prezzo di un covered warrant put scende aumentando (call) o diminuendo (put) la probabilità di avere un valore intrinseco alla data di scadenza.

Il prezzo di un covered warrant dipende anche dal suo prezzo d'esercizio (strike price).

Più alto è lo strike, meno (caso del call) o più (caso del put) costa un covered warrant. Ciò in relazione alla probabilità di avere un valore intrinseco alla data di scadenza.

La vita residua rappresenta il periodo di tempo che rimane fino alla scadenza del covered warrant e ha effetti diretti, come suggerisce il termine, sul suo valore temporale. Più la vita residua di un'opzione è lunga, più il valore temporale e quindi il prezzo del covered warrant sono alti. Infatti, più lunga è la vita residua, maggiore è la probabilità che il prezzo del sottostante sia esposto a oscillazioni più ampie. Il guadagno potenziale aumenta.

Una delle variabili fondamentali che influenzano il prezzo di un covered warrant e la volatilità del sottostante. La volatilità misura l'intensità delle oscillazioni dei prezzi (non la direzione). Indica, quindi, la verosimiglianza sia di aumenti che di diminuzioni del prezzo.

- Come visto, maggiore è la volatilità attesa, maggiore è il premio del warrant, e ciò indipendentemente dal fatto che si tratti di un warrant call o di un warrant put.

Questo perché maggiori oscillazioni nei prezzi del sottostante aumentano la probabilità di avere un valore intrinseco a scadenza. Va osservato che la reattività di un warrant a variazioni della volatilità, in termini percentuali, è minore quanto più il warrant è In-the- money. La volatilità futura del sottostante non ènota al momento del calcolo del prezzo del warrant ed entra quindi nel modello per la determinazione del prezzo teorico dell'opzione, come grandezza stimata.

Per stimare la volatilità futura, si usano comunque come base I prezzi storici del sottostante (cosiddetta volatilità storica). Il valore della volatilità futura può variare in funzione dei dati di volatilità storica utilizzati e delle stime soggettive sull'andamento future del prezzo del sottostante. La stima sull'intensità delle oscillazioni future di prezzo viene chiamata volatilità implicita.

- Il termine "implicita" sta a indicare la volatilità attesa di un titolo che è implicita nei prezzi di mercato dei warrant o delle opzioni su quel titolo ed esprime la stima del rischio proprio dei partecipanti al mercato.

Più le oscillazioni nelle quotazioni del sottostante attese in futuro sono grandi, maggiore è la volatilità implicita e la probabilità stimata che il warrant sia in-the-money. Con la volatilità implicita il venditore del warrant esprime la sua aspettativa di rischio sul titolo sottostante. Per poter valutare l'entità della volatilità implicita in una certa fase di mercato, è consigliato un confronto con l'ampiezza storica delle oscillazioni. Anche in presenza di volatilità implicite elevate e quindi con prezzi alti, un investimento in warrant può offrire comunque notevoli opportunità all'investitore se le variazioni attese di prezzo (implicite nel valore della volatilità) si realizzano effettivamente. Il possessore del warrant deve in ogni caso essere sempre consapevole del rischio di discesa nei prezzi come conseguenza del calo della volatilità.

Esempio

La sensitività di un covered warrant rispetto a variazioni della volatilità può essere ben illustrata in base alla seguente considerazione:

- Il prezzo di un covered warrant call At-the-money con una vita residua di, ad esempio, un anno sale o scende del 5% circa, se la sua volatilità sale dal 20% al 21% (quindi dell'1%) o scende dal 20% al 19% (quindi dell'1%).

- Il prezzo di un covered warrant call Out-of-the-money con la stessa vita residua e un delta del 30 o 0,30, alla stessa variazione della volatilità, si muove del 25%.

Se si considera che in questo mercato possono verificarsi variazioni della volatilità implicita di oltre dieci punti in breve tempo, allora si comprende quale possa essere l'importanza di questa variabile nel determinare il valore di un warrant.

Il valore della volatilità implicita varia in funzione dello strike price e della vita residua del warrant. Spesso si può notare che warrant In-the-money e Out-of-the- money hanno una volatilità implicita maggiore rispetto ai confrontabili warrant At-the-money. Ovvero, più il prezzo del sottostante si allontana dallo strike price di un warrant, più la volatilità implicita aumenta. Questo "modello di comportamento" per covered warrant con la stessa vita residua e spesso indicato come "Volatility smile". Di solito i covered warrant a durata più lunga hanno una maggiore volatilità; una possibile spiegazione sta nel fatto che i partecipanti al mercato, con l'aumentare del tempo a scadenza, valutano più alto il rischio che si possano verificare delle oscillazioni estreme nei prezzi, mentre il prezzo d'esercizio dell'opzione, in questo caso, sembra essere meno rilevante. All'aumentare della vita residua dell'opzione la volatilità implicita aumenta, ma allo stesso tempo si nota uno "smile" meno accentuato nell'andamento delle curve. La curvatura e maggiore nelle opzioni con poca vita residua con volatilità relativamente bassa quando sono at-the-money e volatilità relativamente alta quando sono in- the-money e out-of-the-money, si trasforma in una curvatura meno pronunciata a valori di volatilità più alta nella zona at-the-money e con volatilità implicita più piatta nella zona in-the-money e out-of-the-money. Un'ulteriore variabile da considerare nel calcolo del prezzo dell'opzione sono gli interessi e i dividendi che maturano durante la vita del warrant e concorrono a formare il prezzo a termine (forward) del sottostante. Il prezzo a termine è il prezzo teorico al quale un determinato sottostante può essere comprato o venduto a una data futura.

• Il nesso tra la quotazione base di oggi e il prezzo a termine di un sottostante risiede nel costo di finanziamento che si sostiene se si paga il sottostante solo alla scadenza e non oggi.

Se l'investitore compra il sottostante oggi, paga il prezzo attuale di acquisto. Per avere questa posizione, sostiene un costo opportunità pari agli interessi che avrebbe potuto incassare se avesse investito la stessa somma in titoli a reddito fisso. Se invece l'investitore acquista a termine e quindi paga il prezzo di scambio soltanto alla data di scadenza concordata, può beneficiare nel frattempo di un flusso di interessi attivo. Rispetto all'acquisto a pronti del sottostante, in tal caso però l'investitore non beneficia dell'incasso di dividendi (su azioni) o cedole (su obbligazioni). Il prezzo a termine è quindi, in prima approssimazione pari al prezzo del sottostante (spot) più il costo di finanziamento meno i dividendi e le cedole pagate dal titolo sottostante.

Il costo di finanziamento al netto di dividendi e cedole è detto anche "cost-of-carry".

- Prezzo azione: 100 Euro
- Interesse passivo di finanziamento: 5%
- Tasso di rendimento dividendo: 2%

prezzo a termine =

sottostante + costo di finanziamento − dividendi =

100 Euro + 5 Euro -2 Euro =

103 Euro

cost-of-carry = 3 Euro

La differenza tra il prezzo spot e il prezzo forward e chiamata base. La base corregge il vantaggio del compratore forward di dover pagare il sottostante solo alla scadenza e lo svantaggio di non riscuotere in quel period alcun dividendo o cedola. Più alto e il prezzo a termine, e, quindi, maggiore e il "cost-of-carry", maggiore è il valore del warrant call e minore il valore del warrant put. Se i tassi d'interesse aumentano, l'emittente deve pagare di più per avere il capitale necessario per acquistare il sottostante. Quindi, sarà disposto a vendere ancora warrant call ma unicamente a un prezzo più alto. Nel caso di un warrant put l'emittente ha costantemente a disposizione il capitale per poter comprare il sottostante allo strike price. Se gli interessi aumentano, i suoi redditi da capitale crescono e i warrant put possono essere venduti a un prezzopiù basso. Il prezzo di un warrant put scende. Se vengono pagati i dividendi sull'attività sottostante, il "cost-of-carry" per l'emittente diminuisce e, quindi, i warrant call costano meno mentre i warrant put costano di più.

Va osservato che, dopo il pagamento dei dividendi, il

prezzo dell'azione (cosiddetto ex), a parità di altre condizioni scende. Il pagamento di dividendi è, quindi, già incorporato in un minor costo del warrant call e un maggior costo del warrant put.

Il calcolo di valore di un warrant, con le variabili fin qui illustrate, avviene attraverso l'utilizzo di modelli matematici, il più comune dei quali e il modello di Black & Scholes. Il valore teorico utilizza la volatilità storica del sottostante. L'indicazione del valore teorico è, quindi, paragonabile a un prezzo azionario storico ed è, quindi, indipendente dall'attuale prezzo del covered warrant.

Il prezzo effettivo può discostarsi dal valore teorico in quanto la volatilità implicita è diversa dalla storica, essendo diversa la valutazione del rischio fatta dal mercato. Per l'investitore è probabilmente comunque più importante conoscere la sensitività del warrant alle variazioni delle singole componenti che ne determinano il prezzo, piuttosto che interrogarsi sul suo effettivo valore teorico.

L'effetto leva

Un covered warrant consente all'investitore di partecipare, con un impiego di capitale relativamente basso, alle variazioni di prezzo del sottostante in misura più che proporzionale. L'effetto leva illustra le notevoli opportunità insite nell'investimento di un covered warrant, ma nel contempo ne mostra anche la sua elevate rischiosità: la leva, infatti, agisce in entrambe le direzioni. La leva finanziaria è un indicatore che mette a confronto la redditività potenziale di uno strumento derivato, come un covered warrant, con quella di un investimento diretto nell'attività sottostante (o alla sua vendita allo scoperto). In particolare, la leva finanziaria quantifica di quante volte il rendimento potenziale del covered warrant è superiore rispetto a quello dell'investimento sul sottostante. A parità di quantità di sottostante controllato, investire un capitale ridotto, pari al premio del covered warrant, consente di massimizzare la redditività potenziale. Il gearing tuttavia può essere interpretato come un indicatore della rischiosità di un covered warrant; infatti, l'amplificazione del rendimento potenziale si traduce in un'amplificazione, sempre in termini percentuali, della perdita potenziale, se il mercato si dovesse muovere nella direzione opposta a quella attesa. Nella letteratura si distinguono due tipi di leva:

- gearing o leva semplice
- leverage o elasticità

Il gearing (leva semplice) ha due principali limiti:

- Nel confronto tra due o più covered warrant su diversi sottostanti, non tiene conto del diverso livello di volatilità legata a differenti attività finanziarie.

- E' un indicatore di tipo statico, in quanto si limita a rapportare la grandezza di due investimenti alternativi in un preciso istante e non consente alcuna valutazione sulla dinamica del rendimento.

Il gearing di un covered warrant si calcola dividendo il prezzo del sottostante per il prezzo del covered warrant, moltiplicato per il rapporto di conversione.

Leva (gearing) =
prezzo del sottostante / (prezzo covered warrant x rapporto di conversione)

oppure, che è uguale:

Leva (gearing) =
Prezzo del sottostante / (prezzo del covered warrant / multiplo)

Esempio

- Un'azione è quotata 120 euro
- Il covered warrant con il prezzo d'esercizio di 100euro costa attualmente 5 euro
- Il rapporto di conversione ammonta a 10:1.

La leva semplice è data da:

Leva semplice (gearing) =
120 / [5 x (10:1)] = 120 / 50 = 2,4

Per evidenziare che l'andamento del prezzo di un covered warrant put è opposto alla direzione del prezzo del sottostante, la leva è preceduta da un segno negativo.

65

Moltiplicando il gearing per la variazione percentuale del sottostante, si ottiene una prima indicazione della variazione percentuale del prezzo del covered warrant. Il gearing non è, tuttavia, adatto a confrontare covered warrant At-the-money con covered warrant Out-of-the-money. Per far questo è meglio utilizzare l'elasticità (leverage).

Il leverage (elasticità) mostra all'investitore di quanti punti percentuali varia il prezzo del covered warrant al variare dell'1% del prezzo del sottostante.
Per calcolare l'elasticità, si moltiplica il gearing per il delta.
Il valore dell'elasticità è, per effetto del delta, sempre più bassa del gearing. Più il covered warrant è Out-of-the-money, più questa differenza aumenta in quanto il delta diventa più piccolo. Il gearing è un'approssimazione della variazione percentuale del covered warrant rispetto alla variazione percentuale del sottostante, che sarà tanto più grossolana quanto più il covered warrant è Out-of-the-money e quanto più lungo è il periodo di osservazione.

Elasticità (leverage) = delta x gearing

Dall'esempio precedente, il covered warrant call ha un delta di 0,65. L'elasticità risulta quindi:

$$0,65 \times 2,4 = 1,56$$

Il premium

Il valore del premium indica, in caso di esercizio del covered warrant, quanto costerà in più l'acquisto/vendita del sottostante rispetto all'acquisto/vendita diretto del sottostante. Il premium percentuale segnala all'investitore di quanti punti percentuali la quotazione del sottostante deve salire (covered warrant call) o scendere (covered warrant put) perché siano coperti i costi del premio dell'opzione. Il premium può essere sia un parametro assoluto che percentuale ed è dato dalle formule seguenti:

- Covered Warrant call

Premium assoluto =
prezzo covered warrant x rapporto di conversione - (prezzo del sottostante - prezzo d'esercizio)

Premium percentuale =
[(prezzo covered warrant xrapporto di conversione + prezzo d'esercizio) / prezzo del sottostante] - 1

- Covered Warrant put

Premium assoluto =
prezzo covered warrant x rapporto di conversione - (prezzo d'esercizio - prezzo del sottostante)

Premium percentuale =
[(prezzo covered warrant xrapporto di conversione - prezzo d'esercizio) / prezzo del sottostante] + 1

Esempio

Per il covered warrant call con un prezzo d'esercizio di 100 euro, un prezzo del warrant di 5 euro e un rapporto di conversion di 10:1, con un prezzo azionario di 120 euro si calcolano i seguenti valori:

Premium assoluto =
5 Euro x (10 : 1) - (120 Euro - 100 Euro) =
30 Euro

Premium percentuale =
[5 euro x (10:1) + 100 euro / 120 euro] – 1 =
(150 euro / 120 euro) - 1 =
0,25 = 25%

Il premium indica il movimento di prezzo del sottostante che deve avere luogo entro la data di scadenza per ottenere almeno il prezzo d'acquisto pagato per il covered warrant (break-even-point).

- Per poter confrontare covered warrant aventi scadenze diverse, il premio viene annualizzato.

Il premium annuo indica la misura in cui il prezzo del sottostante deve salire all'anno perché il covered warrant mantenga quanto meno il suo valore sino alla scadenza. In linea di principio, il rischio contenuto di un covered warrante tanto più grande quanto più alto e il suo premium annuo.

Per un covered warrant con una vita residua di un anno, il premium corrisponde al premium annuo. In presenza di un tempo a scadenza più lungo (più breve) il premium annuo è inferiore (superiore) al premium assoluto.

Premium annuo percentuale =
premium percentuale / vita resiuìdua del covered warrant
in anni

Esempio

Il premium annuo per un coverd warrant call con una vita residua di 9 mesi e con un premium percentuale del 25% è calcolato come segue:

$$0,25 / (9/12) = 0,33 = 33\%$$

La valutazione di un covered warrant con l'aiuto del premium ha senso soltanto quando i warrant hanno caratteristiche pressoché identiche.

Non è possibile determinare se un covered warrant call In-the-money con premium pari al 5% è valutato meglio rispetto a un covered warrant call Out-of-the- money.

Vantaggi dei covered warrant

- Possibilità di ottenere profitti elevati, in quanto un covered warrant ha potenzialità di apprezzamento teoricamente illimitate.

Tuttavia, a fronte della possibilità di un profitto elevato, l'investimento in CW comporta l'assunzione di un rischio altrettanto significativo, ossia la perdita massima potenziale corrisponde all'intero capitale investito.

- Forte reattività ai movimenti di mercato.

Il valore di un covered warrant varia generalmente in modo più che proporzionale al variare del valore del sottostante cui si riferisce per effetto del fenomeno della leva finanziaria. La leva finanziaria è un indicatore che mette a confronto la redditività potenziale di uno strumento derivato come un covered warrant con quella dell'investimento diretto sull'attività sottostante. La leva finanziaria relativa a un covered warrant quantifica di quante volte il rendimento potenziale di quest'ultimo è superiore al rendimento dell'investimento diretto sull'attivitàsottostante.
Come visto, è possibile calcolare la leva finanziaria sulla base della seguente formula:

Leva finanziaria =
Livello corrente dell'attivitàfinanziari / (Prezzo CW / Multiplo)

Non bisogna però dimenticare l'altra faccia dellamedaglia: la leva finanziaria può essere interpretata come un indicatore della rischiosità di un covered warrant. Infatti, un maggiore rendimento potenziale implica una maggiore perdita potenziale, sempre in termini percentuali, se il mercato si dovesse muovere nella direzione opposta a quella attesa.

- Strumento di copertura dei rischi di mercato.

I covered warrant possono essere utilizzati all'interno di un portafoglio di attività finanziarie con l'obiettivo di ridurre o di annullare la componente di rischio azionario (CW put) o di rischio di cambio (CW call).

- Strategia di cash extraction.

I covered warrant call possono essere utilizzati come alternativa all'investimento diretto nel sottostante. Infatti, per assumere una posizione rialzista su un'azione, invece di acquistare direttamente l'azione, si può investire solo una parte del capitale in un covered warrant call sull'azione prescelta e destinare la parte rimanente a investimenti alternativi.

- Quotazione in Borsa.

I covered warrant sono quotati presso il mercato SeDeX di Borsa Italiana dalle 9.00 alle 17.25. La quotazione assicura trasparenza sulla formazione dei prezzi e un più facile accesso a questo tipo di investimento.

- Investimento minimo contenuto.

L'importo minimo richiesto per l'acquisto di covered warrant è contenuto. Il Lotto minimo di negoziazione su SeDeX è di 100 o 1.000 covered warrant, a cui corrisponde un controvalore generalmente attorno ai 100 euro.

- Diversificazione.

La possibilità di investire importi ridotti consente di poter creare con cifre modeste un portafoglio di covered warrant ben diversificato e con esposizione su diversi mercati, alcuni dei quali non immediatamente e facilmente

71

accessibili per gli investitori.

- Alternativa ad altri prodotti derivati.

L'importo minimo richiesto per l'investimento in covered warrant è contenuto, inoltre sul mercato è garantita la presenza di un market maker che garantisce la liquidabilità dell'investimento: questi sono tutti elementi che rendono più facile l'investimento in covered warrant piuttosto che in altri prodotti derivati, quali future e opzioni, da parte degli investitori individuali. Pur a fronte di un investimento contenuto, è sempre buona norma stabilire in anticipo la perdita massima in conto capitale che si è disposti a sopportare, fissando quindi i relativi stop loss. In via generale lo stop loss deve essere di entità tale da non modificare sostanzialmente la situazione patrimoniale.

In maniera analoga andrebbero fissati anche gli obiettivi di utile, take profit, al raggiungimento dei quali procedere alla liquidazione dell'investimento. Infine, mentre sul mercato azionario è pratica comune quella di acquistare titoli a prezzi via via decrescenti per abbassare il prezzo medio di carico, questo approccio è da evitare per i covered warrant, in quanto i covered warrant acquistati a distanza di tempo costano meno anche perché hanno una vita residua più breve e le probabilità di esercizio a condizioni più favorevoli sono inferiori.

Le Greche

Il prezzo di un covered warrant è calcolato utilizzando dei software basati su complessi modelli matematici, il più diffuso dei quali è quello sviluppato da Black & Scholes. Come abbiamo visto, quella del prezzo è una funzione matematica che dipende da vari fattori di mercato:

- Il prezzo dell'attività sottostante.
- La volatilità dell'attività sottostante.
- Il tempo residuo a scadenza.
- Il tasso di interesse cosiddetto free-risk (ossia il tasso di mercato riconosciuto dai debitori con rischio di default nullo).
- I dividendi attesi.

A parità di altre condizioni è sufficiente che cambi uno solo dei fattori sopra elencati affinché il valore teorico di un covered warrant si modifichi.

La tabella seguente evidenzia quale effetto, positivo o negativo, un aumento delle suddette variabili di mercato produce sul valore teorico di un covered warrant a seconda che si tratti di un call o di un put.

	Andamento	Premio Call	Premio Put
Volatilità	▲	▲	▲
Prezzo azione	▲	▲	▼
Strike	▲	▼	▲
ita residua	▲	▲	▲
Dividendi	▲	▼	▲
Interest rate	▲	▲	▼

La tabella ci aiuta a capire il segno della variazione, e quindi, ad esempio, a prevedere che il prezzo di un covered warrant call sale se cresce il prezzo dell'attività sottostante.

• Ma di quanto sale ce lo dicono le cosiddette greche, cioè gli indicatori di sensitività del prezzo del covered warrant rispetto ai parametri che lo determinano.

Le "greche" sono indicatori di sensitività comunemente utilizzate nella gestione delle opzioni. Contrariamente agli indicatori appena citati, esse considerano le variazioni del prezzo del covered warrant in funzione della variazione dei parametri che ne determinano il valore.
Le greche rappresentano un buon termometro dei rischi associati ai covered warrant e possono aiutare nella scelta del covered warrant che più si addice alle proprie aspettative di mercato, tenuto conto di tutti i parametri necessari.

74

Gli indicatori sono sei:

- Delta (Δ)
- Gamma (Γ)
- Theta (Θ)
- Vega (Ñ)
- Rho (R)
- Phi (F)

Delta (Δ)

Il Delta riflette la sensibilità del prezzo di un covered warrant alle variazioni del sottostante.

- Il Delta indica, a parità degli altri fattori di mercato, quanto varia il prezzo del covered warrant quando il valore del sottostante varia di una unità.

Il Delta non è una costante e varia in conseguenza dei cambiamenti subiti dalle altre componenti di mercato.

- Generalmente il Delta viene espresso in termini percentuali.

La relazione fra prezzo del sottostante e prezzo del covered warrant è di tipo diretto per i call, cioè se aumenta il primo aumenta anche il secondo, quindi, Delta maggiore di zero, mentre è di tipo inverso per i put, quindi Delta minore di zero.

In termini assoluti il Delta tende a zero per i covered warrant Out-of-the-money, mentre tende a 100% per i covered warrant In-the-money.

La somma dei valori assoluti del Delta di un covered warrant call e di un covered warrant put con stessa scadenza e stesso strike è sempre pari a 100%.

In prossimità della scadenza il Delta assume un valore di:

- 100% per i covered warrant Iin-the-money
- 50% per i covered warrant At-the-money
- Zero per i covered warrant Out-of-the-money.

Graficamente:

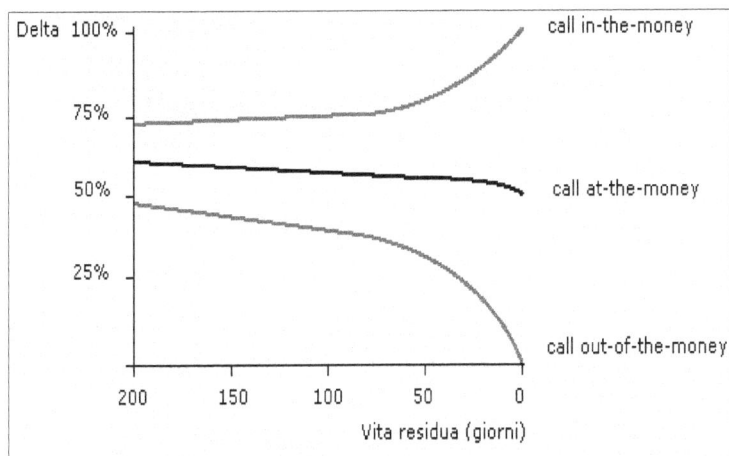

Delta 100% — call in-the-money
75%
50% — call at-the-money
25%
call out-of-the-money
200   150   100   50   0
Vita residua (giorni)

Il Delta può essere anche definito come una misura della probabilità che un covered warrant scada In-the-money. In quanto misura della probabilità per il covered warrant di scadere In-the-money, dire che un covered warrant ha un Delta di 75% è come dire che il covered warrant ha il 75% di probabilità di scadere In-the-money, cioè che ha buone probabilità di scadere avendo un valore intrinseco positivo.

I covered warrant At-the-money hanno, invece, un Delta di circa il 50%, hanno cioè uguali probabilità di scadere In o Out-of-the-money. Come misura dell'esposizione sul sottostante, acquistare un covered warrant call con Delta 50% sull'azione ALFA equivale ad acquistare 0,5 azioni ALFA, viceversa acquistare un covered warrant put con Delta – 50% equivale a vendere 0,5 azioni ALFA.

Esempio

Un warrant call con un rapporto di conversione 10:1 ha un delta di attualmente 0,55 (55%). Supponiamo che il prezzo dell'azione salga (scenda) di 1 Euro; il valore del warrant salirà (scenderà) di 0,055 Euro.

Il delta non e costante, ma varia al variare del prezzo del sottostante. Il delta è in tal senso un indicatore dinamico. La variazione del delta èinfluenzata soprattutto:

- Dai movimenti di prezzo dell'attività sottostante. Se il prezzo dell'attività sottostante sale, il delta sale, se il prezzo del sottostante scende, il delta scende.
- Dalla volatilità. All'aumentare delle variazioni attese del sottostante (volatilità implicita), aumenta la probabilità di esercizio, quindi il delta del warrantsale.
- Dal fattore tempo. Analogamente si ha per Ii warrant con una con una vita residua più lunga. Per un determinato livello di prezzo l'esercizio del warrant e tanto più probabile quanto più la scadenza e lontana e di conseguenza il delta e più alto.

Esempio

Il seguente esempio dimostra che il delta è un indicatore dinamico che varia al variare del prezzo del sottostante. Sia dato un warrant call con un prezzo d'esercizio di 100Euro e un delta di 0,5:

- prezzo del sottostante: 100 euro
- prezzo del warrant: 5 euro

movimento di mercato: + 5%
- prezzo del sottostante: 105 euro
- prezzo del warrant: 7,5 euro

movimento di mercato: - 5%
- prezzo del sottostante: 95 euro
- prezzo del warrant: 2,5 euro

Il delta dipende, inoltre, dal prezzo d'esercizio (strike price) e,quindi, dal valore intrinseco del warrant. Più è In-the money il warrant, più alto è il delta. Più il warrant è Out of-the- money, più il delta è basso.

- Delta vicino a 1: warrant In-the-money. La probabilità di esercizio è tra il 50% e massimo il 100%. Il warrant ha un valore intrinseco alto e il suo movimento e quasi uguale a quello del sottostante.

- Delta di circa 0,5: warrant At-the-money. La probabilità di esercizio è di circa il 50%. Il warrant partecipa alle variazioni del prezzo del sottostante per il 50% circa. Un Delta vicino a 50 riflette in questo caso l'equi probabilità per il warrant stesso, di avere valore intrinseco positivo o nullo.

- Delta quasi 0: warrant Out-of-the-money. La probabilità di esercizio è tra lo 0% e minore del 50%. Il valore del warrant viene appena influenzato da variazioni del prezzo del sottostante.

Possiamo interpretare il Delta di un warrant come una misura della probabilità che il warrant in oggetto diventi In-the-money. Questo significa che un warrant call con Delta 36 e un warrant put con Delta -27 hanno una probabilità di circa il 36% e il 27% rispettivamente, di finire in-the-money.

Il delta assume un significato importante nella copertura del rischio "hedging" di singole azioni o di un portafoglio di azioni. L'esempio illustra la funzione del delta nella copertura di rischio di singole azioni.

Esempio

Un investitore intende coprirsi a breve dal rischio di una possibile perdita sulle sue 100 azioni e, quindi, sceglie un warrant put sull'azione con un rapporto di conversione 10:1 e un delta di -0,5 (-50%).

- Un delta di 0,5 significa che il warrant put partecipa all'andamento della quotazione dell'azione al 50%.

Al fine di coprire il suo portafoglio in caso di andamento negativo del prezzo, l'investitore ha bisogno di 2.000 warrant put (100 / 0,5 x 10 / 2.000).

- Se il prezzo dell'azione scende di 1 Euro (perdita di 100 Euro), il prezzo di un warrant put con un rapporto di conversione 10:1 e un delta di -0,5 sale di 0,05 euro (guadagno di 0,05 Euro x 2.000 / 100 Euro).

Il guadagno sul prezzo dei warrant put compensa, quindi, le perdite sulle quotazioni delle azioni.

L'investitore ha messo a fronte della sua posizione azionaria esattamente il numero di warrant put necessario per bilanciare la perdita sul prezzo della posizione azionaria attraverso il profitto sul prezzo dei warrant put.

Questa copertura di rischio è chiamata dynamic hedging (delta hedging). Poiché tuttavia il delta cambia con il variare del prezzo base, la posizione di hedging deve essere costantemente aggiustata.

Gamma (Γ)

Abbiamo visto che il Delta di un covered warrant assume valori diversi al variare del sottostante.

- Il Gamma è l'indicatore che quantifica di quanto si modifica il Delta per effetto di una variazione minima e istantanea del sottostante.

Ad esempio, se un covered warrant call legato all'azione ALFA, il cui prezzo di mercato è 60 euro, ha Delta 60% e un Gamma di 4%, il Delta passerà a 64% o 56% a seconda che il sottostante aumenti o diminuisca di un punto percentuale. Anche il Gamma, come il Delta, nonè una costante e si modifica in base alla combinazione degli altri fattori di mercato quali, ad esempio, il trascorrere del tempo.

Il Gamma di un covered warrant è massimo per i covered warrant At-the-money mentre decresce per i covered warrant In e Out-of-the-money.

- Il Gamma rappresenta in sostanza il Delta del Delta.

Più il gamma è elevato, più la variazione del delta è ampia. Matematicamente, il gamma rappresenta la derivate prima del delta rispetto al prezzo d'esercizio o la derivata seconda del prezzo dell'opzione rispetto al prezzo del sottostante.

Dal punto di vista grafico il gamma misura la pendenza della curva del delta ed è, quindi, sempre positivo, sia per i warrant call sia per i warrant put.

Il gamma di un warrant che da Out-of-the-money diventa At-the-money, cresce proporzionalmente. Il gamma raggiunge il suo valore massimo nei warrant At-the-money. Più il warrant diventa In-the-money o Out-of-the-money, più il gamma diminuisce. Il warrant At-the-money presenta la maggiore sensitività del loro delta.

Dato che la curva del delta di un warrant call e quello di un warrant put sono parallele e a ogni prezzo del sottostante possiedono la stessa inclinazione, la loro curva gamma è uguale.

- Se il prezzo del sottostante sale, il delta sale e l'effetto leva, quindi, aumenta ancora.
- Viceversa, una riduzione del prezzo del sottostanteviene ammorbidita dal delta che scende.

Da questo punto di vista si percepisce nuovamente l'asimmetria tra rischio e opportunità tipiche dell'investimento in covered warrant.

Esempio

Un warrant call con un rapporto di conversione 10:1 ha undelta di 0,55 e un gamma di 0,05.
Se il prezzo dell'azione sale (scende) di 1 Euro, il delta passa da 0,55 a 0,60 (da 0,55 a 0,50).

Theta (Θ)

Il Theta è l'indicatore che misura la sensibilità del covered warrant al trascorrere del tempo. Per questo indicatore non esiste un'unità di misura temporale assoluta, generalmente viene espressa in termini giornalieri.

- Ad esempio, il Theta a 7 giorni indica la variazione del prezzo del covered warrant dovuta al trascorrere di una settimana, a valori immutati di tutti gli altri parametri.

All'approssimarsi della scadenza un covered warrant perde di valore perché diminuiscono le probabilità di esercizio, o di un esercizio a condizioni più favorevoli. È la componente "valore del tempo" a subire un decremento. Questo fenomeno viene indicato anche con il nome "effetto theta" o time decay. Il grafico in basso mostra come la perdita di valore non sia costante, ma subisca un'accelerazione in prossimità della scadenza.

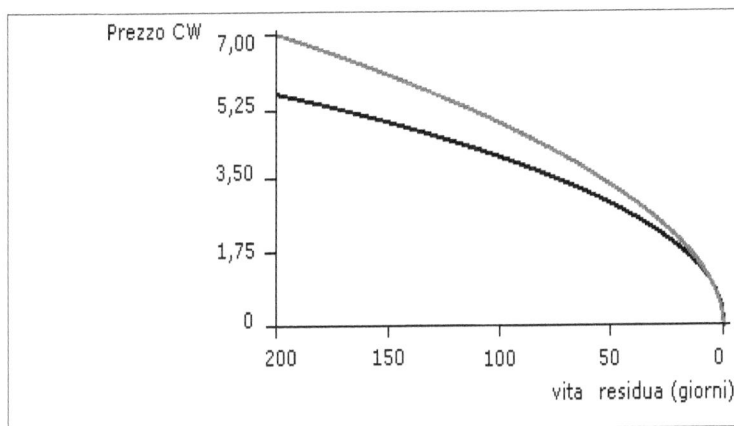

Matematicamente il theta è la derivata prima del prezzo

83

dell'opzione rispetto alla vita residua.

Esempio

Consideriamo un warrant call con uno strike price di 100Euro e una vita di un anno e un theta di 0,03.

- Ciò significa che il valore temporale di questo warrant durante la vita diminuisce di 0,03 euro al giorno.

Come può essere constatato, la componente temporale, con il diminuire della vita residua, diminuisce sempre di più.
I warrant At-the-money hanno il theta più alto rispetto a quelli Out-of-the-money. Per i warrant Out-of-the-money o In-the- money il theta ha un valore relativamente costante.

Vega (N)

Il Vega misura la sensibilità del prezzo di un covered warrant rispetto a variazioni della volatilità attesa. Il Vega è generalmente espresso in termini percentuali.

- Ad esempio, dire che un covered warrant ha un Vega di 2% significa dire che a seguito di una variazione della volatilità attesa dal mercato di 1% si assiste a un incremento o decremento pari al 2% nel valore del covered warrant.

L'incremento si ha se la volatilità attesa dal mercato aumenta, il valore del covered warrant invece diminuisce se anche la volatilità attesa diminuisce. Inoltre è opportuno ricordare che la sensibilità alle variazioni della volatilità attesa è maggiore per i covered warrant Out-of-the-money. Il grafico del Vega ha una forma di campana, con il picco in corrispondenza di un valore del sottostante prossimo allo strike ("At the money"). Questo parametro è sempre positivo, ma assume un valore prossimo a zero se il covered è "deep in the money" oppure "deep out of the money". Più il vega è elevato, maggiore è la reazione del prezzo del warrant alle variazioni del sottostante. Matematicamente, il vega è la derivata prima della formula del prezzo dell'opzione rispetto alla volatilità.

Il vega ha il valore massimo nei warrant At-the-money.

Più la vita residua è breve, più il vega diventa piccolo: l'effetto di variazioni di volatilità sul prezzo dell'opzione diminuisce.

- I warrant con una vita breve In-the-money sono meno sensibili alla diminuzione della volatilità.
- Invece i warrant Out-of-the-money con vita residua lunga reagiscono di più alle oscillazioni di

volatilità.

Il compratore del warrant, oltre alla stima dell'andamento futuro del prezzo del sottostante, deve tenere conto del livello delle attese sull'andamento della volatilità dell'attività sottostante il warrant. Una riduzione significativa della volatilità implicita del sottostante può determinare, soprattutto per i warrant Out-of-the-money, una riduzione rilevante del prezzo del warrant.

Esempio

Un warrant call con un rapporto di conversione 10:1 haattualmente un valore pari a 5 Euro e un vega di 0,45. Se la volatilità implicita passa dal 40% al 41%, il premiodel warrant passa da 5 Euro a 5,10 Euro.

Rho (R)

Indica le modalità in cui varia il valore del covered warrant rispetto al variare dei tassi di interesse e, quindi, del costo del finanziamento. Questo parametro è in valore assoluto di molto inferiore al Delta e al Vega. Con il diminuire della vita residua l'influenza dei costi di finanziamento sul premio del warrant diminuisce e il rho diventa, quindi, più piccolo. Matematicamente il rho e la derivata prima del prezzo dell'opzione rispetto al tasso d'interesse.

Il Rho è:

- Positivo per i warrant call.
- Negativo per i warrant put.

Nel caso di opzioni su azioni, i warrant call avranno un Rho positivo (all'aumentare del tasso di interesse, il premio del call aumenta nella misura indicata dal Rho), mentre i warrant put presenteranno tipicamente un Rho negativo, a indicare la diminuzione del premio del put all'aumentare del tasso di interesse.

In ogni caso, a parità di scadenza e di sottostante, il Rho assume valori tanto maggiori quanto più i warrant ai quali si riferisce sono deeply-in-the-money, a riflettere la maggiore esposizione in termini di capitale investito a eventuali variazioni dei tassi di interesse. Per un analogo motivo, a parità di strike sarà possibile riscontrare valori del Rho tanto maggiori quanto è più lunga è la vita del warrant.

Phi (F)

Indica come varia il valore del covered warrant rispetto al variare delle attese relative allo stacco di dividendi che opererà il sottostante durante la vita del covered warrant. Vale la stessa considerazione, relativamente al valore del parametro, fatta per il Rho.

La considerazione di un simile costo-opportunità influisce direttamente nella determinazione del premio di un warrant, sebbene in maniera diversa a seconda che si tratti di un warrant call o di un warrant put. Il possessore di un warrant call su un'azione, ad esempio, non può valere alcun diritto sui dividendi che tale azione distribuirà in futuro e quanto maggiore è la stima di tali dividendi, tanto maggiore è la perdita potenziale dell'investitore in questione.

Pertanto, il premio di tale warrant diminuirà, nella misura indicata dal Phi, all'aumentare del rendimento atteso del sottostante.

Le considerazioni in merito a questa particolare variabile rendono necessaria la distinzione dei warrant a seconda della famiglia delle relative attività sottostanti.

- Warrant su cross valutari - Nel caso di warrant che prevedono come sottostante cross valutari, ad esempio USD/EUR, il calcolo dei premi dovrà considerare i tassi di interesse relativi a entrambe le valute. Così, ferme restando le altre variabili, il premio del warrant sarà influenzato non solo dal tasso di interesse domestico (la misura del quale impatto, come abbiamo visto, è data dal Rho) ma anche dal tasso di interesse americano la cui influenza sarà misurata proprio dal Phi. Si capisce come la previsione dell'effetto netto dell'influenza dei due tassi sul premio del warrant, risulti tutt'altro che scontata. In questo caso, dunque, il Phi si presta quale misura della variazione del premio di un warrant su cambi, al variare del tasso di interesse estero.

• Warrant su indici azionari e singole azioni - Nel caso di Warrant su azioni, il Phi viene interpretato, invece, come misura del ruolo rivestito dai dividendi del titolo sottostante, nella determinazione del prezzo di un warrant. E' utile ricordare che subito dopo lo stacco dei dividendi, il prezzo di un'azione è destinato, diminuendo in entità, approssimativamente pari all'ammontare del dividendo distribuito. Si capisce, pertanto, come un aumento dei dividendi pagati rispetto alle relative previsioni possa essere interpretato come una pari riduzione nel prezzo della relativa azione con un conseguente effetto depressivo sul prezzo dei warrant call e, viceversa, propulsivo nel caso dei warrant put.

• Warrant su Titoli di Stato - In modo del tutto analogo a quello appena esposto, nel caso di warrant su Titoli di Stato, il Phi misura la variazione del prezzo del warrant al variare di una unità nell'entità del rendimento atteso sul titolo di Stato.

E' importante sottolineare come tutti questi parametri siano dinamici, nel senso che forniscono una misura puntuale della variazione del prezzo di un covered warrant solo a parità di tutte le altre condizioni. Quindi, se contemporaneamente varia sia il prezzo sia la volatilità del sottostante, gli effetti in termini di Delta e di Vega tengono conto di entrambe le variazioni.

Covered Warrant Call

I covered warrant di tipo call conferiscono al detentore la possibilità di acquistare una certa quantità (determinata dal multiplo) di sottostante a un prezzo prefissato; in questo caso l'investitore agisce sulla base di aspettative rialziste sul titolo e conta su un rialzo del valore di mercato del sottostante oltre un certo prezzo. Se l'investitore conserverà il warrant fino alla scadenza, avrà convenienza a esercitarlo, ossia ad acquistare il sottostante al prezzo strike, se il prezzo del sottostante risulterà superiore allo strike price.

L'acquisto di un covered warrant call rappresenta una strategia di trading di tipo direzionale; il successo di questo investimento dipende dall'abilità di selezionare:

- Il sottostante che si apprezzerà.
- Il covered warrant con una vita residua tale da vederrealizzata la propria aspettativa.
- Lo strike che meglio bilancia i benefici e i rischi dell'operazione.

L'acquisto di un covered warrant call può consentire di ottenere profitti illimitati, esponendo a una perdita massima pari al premio pagato per l'acquisto dello strumento.
Alla scadenza l'importo di rimborso riconosciuto dall'emittente a chi possiede il covered warrant call è calcolato come segue:

Valore rimborso =
{Max [0; (valore di riferimento del sottostante −strike)] x
multiplo} / (Euro/FX)

- Se il valore del sottostante è sotto lo strike non si ottiene alcun importo di rimborso dall'esercizio; in questo caso si registra la perdita massima, pari al premio pagato per il covered warrant.
- Se, invece, il sottostante quota sopra lo strike, l'esercizio dà luogo a un importo di rimborso positivo, pari alla differenza tra valore del sottostante e lo strike.

Per calcolare il ritorno (o payoff) dell'operazione bisogna aggiungere, con il segno negativo, alla precedente espressione anche il premio pagato per l'acquisto del warrant:

$$Payoff =$$
$$\{Max \ [(valore \ di \ riferimento \ del \ sottostante - strike) \ x$$
$$multiplo - premio] \ x \ numero \ warrant \ acquistati\} \ /$$
$$(Euro/FX)$$

Il prezzo del sottostante che garantisce il pareggio all'investimento in warrant, il break even price, si calcola sommando allo strike, il premio pagato per il warrant, diviso per il multiplo, se diverso da uno:

$$P_{BE} = strike + (premio \ / \ multiplo)$$

Solo se il valore di rimborso è superiore al valore del premio pagato, l'investimento raggiunge il pareggio e si sarà realizzato un profitto. A scadenza si ottengono profitti tanto maggiori quanto più è aumentato, al di sopra del prezzo di break even, il prezzo del sottostante (nel caso di indici ci si riferisce a livelli e non prezzi, ma la sostanza del discorso non cambia).
Da notare quindi come l'investimento in warrant sia di tipo asimmetrico: a guadagni potenzialmente illimitati si

contrappongono perdite limitate e pari, al massimo, al premio pagato per l'acquisto del warrant.

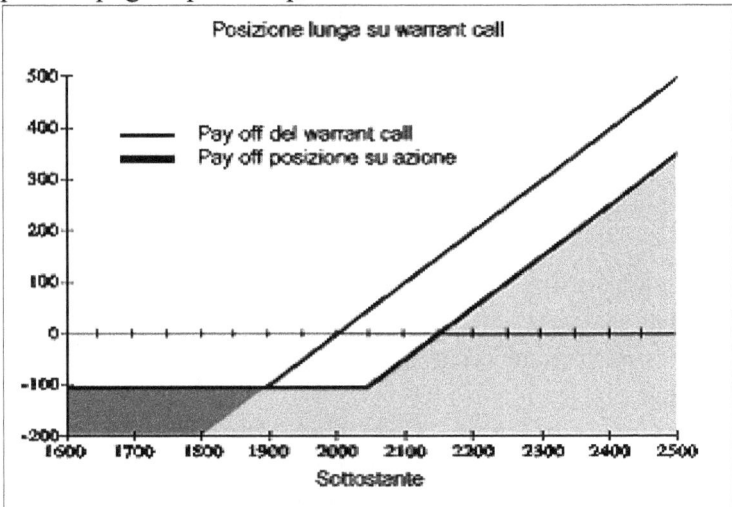

Posizione lunga su warrant call

Pay off del warrant call
Pay off posizione su azione

Sottostante

Poiché l'esercizio del diritto incorporato nel covered warrant è facoltativo, esso verrà logicamente effettuato solo se ritenuto conveniente dal possessore del covered warrant. Il grafico seguente mostra il profilo del profitto (valore di rimborso - premio CW) di un covered warrant call su un'azione ALFA (strike 60) in funzione di tutti i possibili prezzi del sottostante all'esercizio, nell'ipotesi che ALFA sia un'azione quotata in Euro.

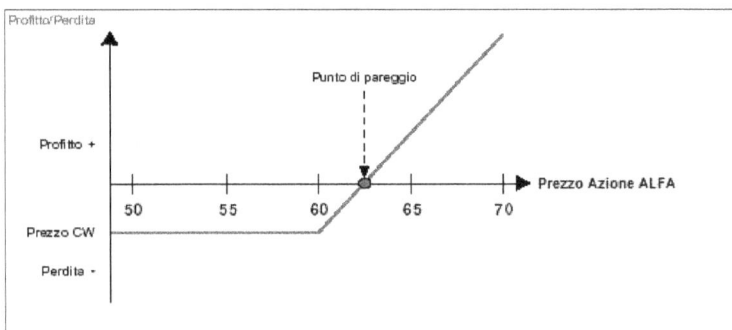

Profitto/Perdita

Punto di pareggio

Profitto +

50   55   60   65   70   Prezzo Azione ALFA

Prezzo CW

Perdita -

92

Il punto di pareggio, o break-even, è proprio il prezzo del sottostante in corrispondenza del quale il valore di rimborso è uguale all'investimento iniziale. Per valori del sottostante superiori al punto di pareggio l'esercizio dei covered warrant dà luogo a un profitto; il profitto dell'investimentoè tanto maggiore quanto più il sottostante si apprezza al di sopra del break-even.

Covered Warrant Put

I covered warrant di tipo put conferiscono al possessore il diritto, non l'obbligo, di vendere una certa quantità di sottostante, determinata dal multiplo, a un prezzo predeterminato. L'investimento in warrant di tipo put costituisce una strategia speculare rispetto all'acquisto di warrant call, con una posizione implicita ribassista sul sottostante (detta in gergo bearish).

- L'acquirente del warrant ha aspettative di un ribasso del titolo e decide, quindi, di investire in uno strumento che permette di guadagnare se le aspettative si verificano e nello stesso tempo di limitare la perdita al premio pagato, nel caso contrario.

L'acquisto di un covered warrant put rappresenta una strategia di trading di tipo direzionale; il successo di questo investimento dipende dall'abilità di selezionare:

- Il sottostante che si deprezzerà.
- Il covered warrant con una vita residua tale da vederrealizzata la propria aspettativa.
- Lo strike che meglio bilanci i benefici e i rischi dell'operazione.

Alla scadenza, l'investitore avrà convenienza a esercitare il warrant put se il prezzo del sottostante sarà inferiore allo strike price. L'acquisto di un covered warrant put può consentire di ottenere profitti elevati, esponendo a una perdita massima pari al premio pagato per l'acquisto dello strumento.
Alla scadenza l'importo di rimborso riconosciuto dall'emittente a chi possiede covered warrant put è calcolatocome segue:

Valore rimborso =
{Max [0; (strike - valore di riferimento del sottostante)] x
multiplo} / (Euro/FX)

Se il valore del sottostante è sopra lo strike non si ottiene alcun importo di rimborso dall'esercizio. In questo caso si registra la perdita massima, pari al premio pagato per il covered warrant. Se, invece, il sottostante quota sotto lo strike, l'esercizio dà luogo a un importo di rimborso positivo, pari alla differenza tra strike e valore del sottostante.

- Poiché l'esercizio del diritto a vendere incorporato nel covered warrant è facoltativo, esso verrà logicamente effettuato solo se ritenuto conveniente dal possessorre del covered warrant.

Per valutare l'investimento in covered warrant nel suo complesso bisogna ancora sottrarre al valore di rimborso così ottenuto il premio inizialmente pagato per il covered. Solo se il valore di rimborso è superiore al valore del premio pagato, l'investimento raggiunge il pareggio e avremo realizzato un profitto. Per calcolare il ritorno (o payoff) dell'operazione bisogna aggiungere, con il segno negativo, alla precedente espressione anche il premio pagato per l'acquisto del warrant:

Payoff =
{Max [(strike - valore di riferimento del sottostante) x
multiplo − premio] x numero warrantacquistati} /
(Euro/FX)

Il grafico seguente mostra il profilo del profitto (valore di rimborso - premio CW) di un covered warrant put su un'azione BETA (strike 60) in funzione di tutti i possibili prezzi del sottostante all'esercizio, nell'ipotesi che BETA sia un'azione quotata in Euro.

Il punto di pareggio, o break-even, è proprio il prezzo del sottostante in corrispondenza del quale il valore di rimborso è uguale all'investimento iniziale.

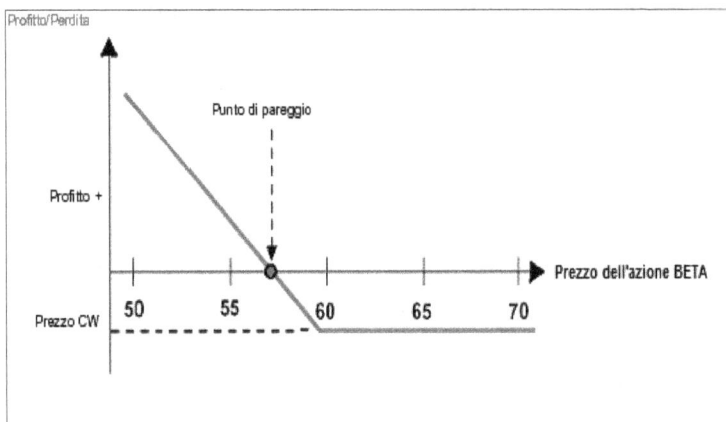

Per valori del sottostante inferiori al punto di pareggio l'esercizio dei covered warrant dà luogo a un profitto; il profitto dell'investimento è tanto maggiore quanto più il sottostante si deprezza al di sotto del break-even. E' possibile calcolare il punto di pareggio di un investimento in covered warrant put fin dal momento dell'acquisto secondo la seguente formula:

$$PBE = strike - (premio / multiplo)$$

I covered warrant put rappresentano un modo semplice per investire al ribasso su un sottostante. In molti casi non è
possibile vendere un titolo "allo scoperto", cioè senza averlo precedentemente acquistato, qualora si attenda una discesa del suo prezzo di mercato. Il profilo rischio-rendimento a scadenza di un covered warrant put è

96

caratterizzato da un rischio limitato al premio pagato a fronte di profitti elevati, diversamente da quanto avviene per le vendite allo scoperto nel cui caso i rischi di perdita possono essere significativi e di ammontare massimo non quantificabile a priori.

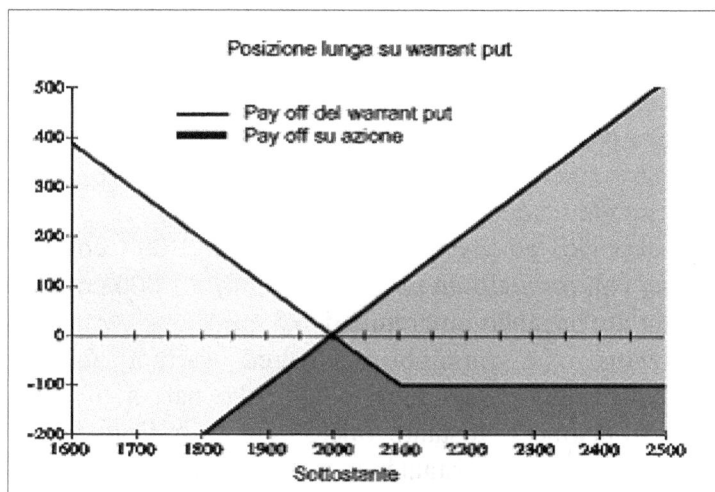

Posizione lunga su warrant put

— Pay off del warrant put
■■■ Pay off su azione

Sottostante

Covered Warrant Straddle

La strategia covered warrant straddle consiste nell'acquisto di un ugual numero di covered warrant call e put con lo stesso strike e la stessa scadenza. Le probabilità di successo di questa strategia sono superiori se l'operatività è di tipo dinamico, se, cioè, l'aspettativa si verifica in breve tempo e se i covered warrant vengono liquidati sul mercato secondario senza aspettarne la scadenza.

Consideriamo, ad esempio, l'acquisto di 1.000 covered warrant call pagando un premio di 6 euro e 1.000 covered warrant put pagando un premio di 6,5 euro.

Ipotizziamo che entrambi i covered warrant abbiano una vita residua di sei mesi e lo strike pari a 60 euro quando l'azione sottostante vale 58 euro. Graficamente il risultato economico istantaneo può essere rappresentato come segue:

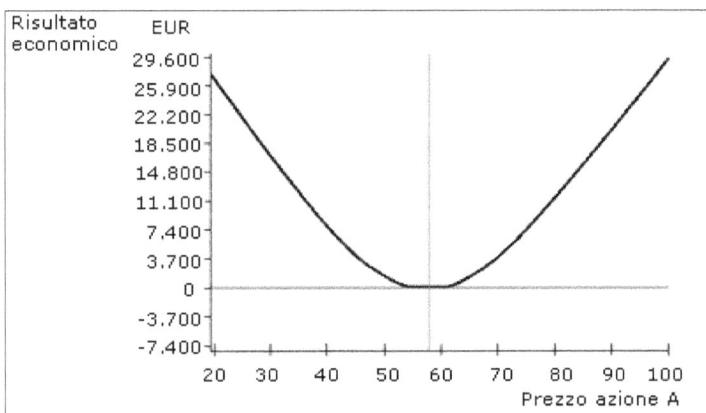

Si può verificare come, a una variazione assoluta del prezzo dell'azione sottostante, la posizione complessiva si apprezzi. Ferme restando le altre condizioni, dopo tre mesi avremo:

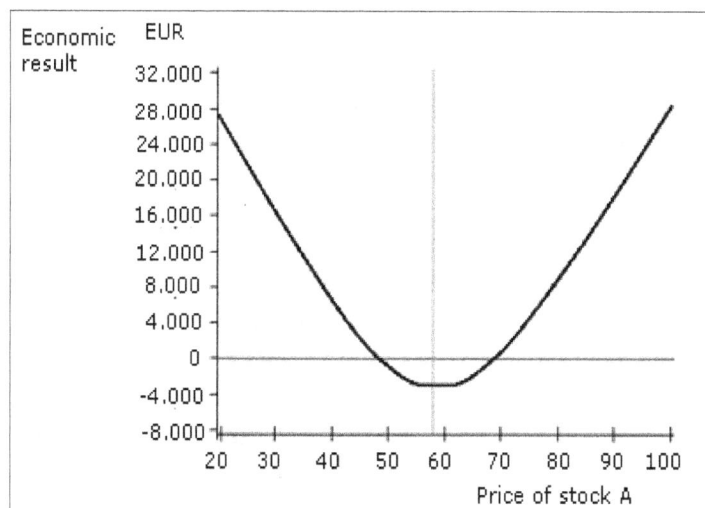

A scadenza il caso peggiore è che l'azione sottostante abbia un prezzo di mercato pari a 60 euro e che, quindi, nessuno dei due covered warrant possa essere esercitato determinando la perdita secca dei premi investiti. Graficamente la situazione è la seguente:

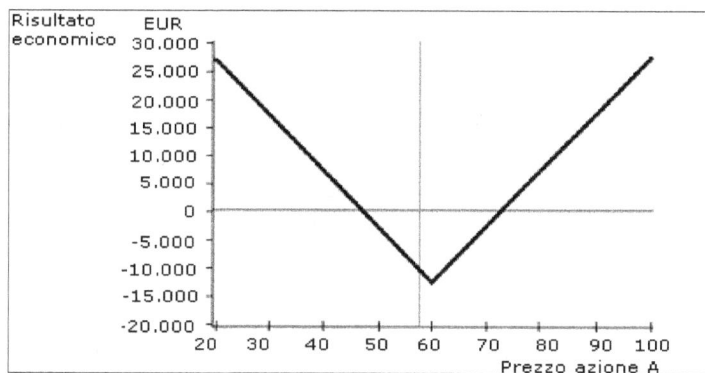

99

Covered Warrant Strangle

La strategia di portafoglio chiamata "strangle", è molto simile a quella di tipo "straddle". L'unica differenza è che i covered warrant utilizzati sono covered warrant out-of-the-money. Ciò comporta un investimento più ridotto. Ovviamente i movimenti necessari per determinare il successo di questa strategia sono di entità più rilevante di quelli necessari per lo straddle. A parità di tutte le altre condizioni presentate nell'esempio relativo alla strategia straddle, acquistando covered warrant call con strike price pari a 70 euro e covered warrant put con strike pari a 50 euro, si effettua un investimento rispettivamente di 2,8 euro e di 2,2 euro per ogni covered warrant, con un risparmio del 60% rispetto alla strategia di tipo straddle. Appena l'investimento viene effettuato il profilo rischio/rendimento del portafoglio è graficamente il seguente:

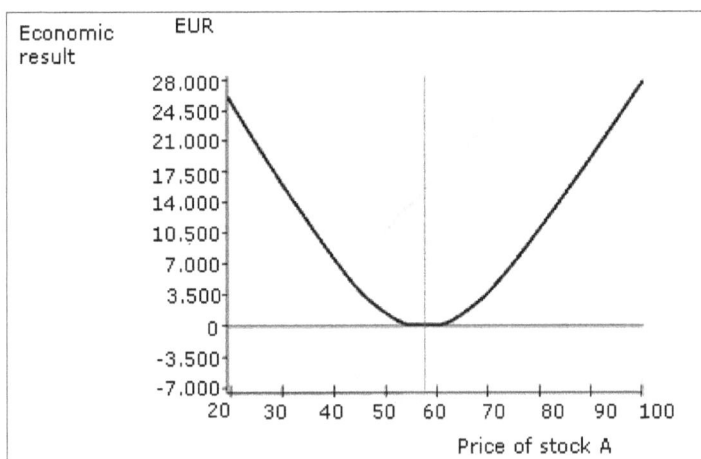

Alla scadenza avremo:

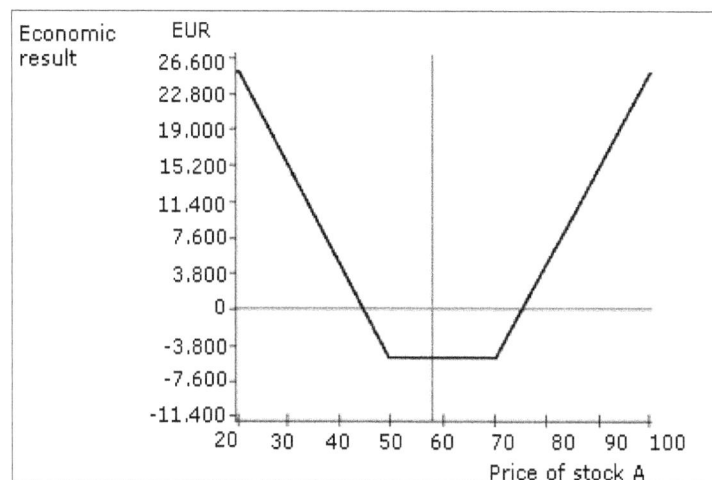

Copertura dal rischio cambio

I covered warrant call possono essere utilizzati per proteggere investimenti da oscillazioni avverse del tasso di cambio, nel caso il cui valore sia espresso in una divisa estera.

• Se consideriamo un investitore che possiede un portafoglio di titoli espressi in valuta estera, esso, mediante l'acquisto di covered warrant call su Euro può stipulare come una polizza assicurativa per i titoli presenti nel proprio portafoglio, in cui il premio di questa assicurazione è rappresentato dal controvalore dei covered warrantacquistati.

L'assicurazione scatta al verificarsi dell'evento negativo, ovvero in caso di apprezzamento dell'Euro al di sopra di una certa soglia, rappresentata dallo strike dei covered warrant prescelti.

Se, ad esempio, il portafoglio che si desidera assicurare è composto da titoli la cui valuta di riferimento è il dollaro, l'acquisto di covered warrant call sul tasso di cambio EUR/USD potrebbe proteggere il nostro investitore da un eventuale deprezzamento della valuta estera.

E' possibile proteggere il proprio portafoglio seguendo due diversi approcci:

• Copertura statica

In questo caso la copertura sarà perfetta solo il giorno di scadenza dei covered warrant.

Il numero di covered warrant da acquistare può essere calcolato utilizzando la seguente formula:

numero CW =
valore del portafoglio in Euro / [(strike x multiplo)/tasso di cambio contro Euro]

Supponiamo di voler proteggere un portafoglio con un controvalore di 10.000 dollari; per un'efficace copertura occorre scegliere il covered warrant più adatto all'orizzonte temporale del proprio investimento, rappresentato dalla scadenza del covered warrant, e al livello del tasso di cambio al di sopra del quale coprirsi (strike del covered warrant). A ogni possibile scelta sono associati differenti livelli di costo e gradi di beneficio della copertura.

Nell'esempio possiamo decidere di acquistare dei covered warrant call sul tasso di cambio EUR/USD con strike 1,4 dollari, multiplo 10 e scadenza 5 mesi, con il tasso di cambio corrente pari a 1,30. Il numero di covered warrant call da acquistare sarà, quindi, pari a:

Numero CW =
(USD 10.000/1,3) / [(USD 1,4 x 10) / 1,3] = 714,3

Poiché il lotto minimo di negoziazione dei covered warrant su cambi è pari a 100, si potranno acquistare 700 covered warrant call. Il costo della copertura è rappresentato dal controvalore dei covered warrant acquistati, nell'esempio 25,20 euro.

• Copertura dinamica

In questo caso si può realizzare una copertura che abbia effetto anche prima della scadenza dei covered warrant. La copertura dinamica è la più complessa poiché richiede aggiustamenti periodici della composizione del portafoglio, in quanto, a fronte di variazioni del valore

103

complessivo occorre modificare il numero di covered warrant call.

Il numero di covered warrant call da acquistare per proteggere il proprio portafoglio può essere calcolato utilizzando la seguente formula:

numero CW =
valore del portafoglio in Euro / [(strike x multiplo x Delta)
/ tasso di cambio controEuro]

In questo caso la formula di calcolo del numero di covered warrant da acquistare subisce una modifica in quanto viene inserito il Delta, il coefficiente che misura la sensibilità del prezzo del covered warrant a variazioni del livello del sottostante.

- La copertura dinamica è in questo modo efficace anche prima della scadenza dei covered warrant in quanto il numero di covered warrant call che entrano a far parte del portafoglio si adatta alle variazioni del valore di mercato dei titoli da coprire.

Applichiamo una copertura dinamica al portafoglio dell'esempio precedente. Per calcolare quanti covered warrant call sono necessari ai fini della copertura, l'unico dato che ci manca è il Delta, che ipotizziamo che sia pari a 11,70%. Utilizzando la formula indicata, il numero di covered warrant call da acquistare è pari a:

Numero CW =
(USD 10.000/1,3) / [(USD 1,4 x 10 x0,117) / 1,3] = 6.105

Poiché il lotto minimo di negoziazione dei covered warrant su cambi è pari a 100, si potranno acquistare 6.100 covered warrant call.

104

l costo della copertura è rappresentato dal controvalore dei covered warrant acquistati, nell'esempio 219,60 euro. Supponiamo che sia passato un mese dall'acquisto dei 6.100 covered warrant call e che il tasso di cambio EUR/USD si sia apprezzato del 20% attestandosi a 1,56. In questo scenario il valore del portafoglio passa da 7.692 euro (10.000/1,30) a 6.410 euro (10.000/1,56) e il Delta dei covered warrant passa da 11,70% a 98%. Il numero di covered warrant call necessari passa, quindi, da 6.100 a 700, per cui è possibile vendere sul mercato i covered warrant superflui: 6.100 – 700 = 5.400. Infatti, applicando la fprmula precedente abbiamo:

Numero CW =
(USD 10.000/1,56) / [(USD 1,4 x 10x 0,98) / 1,56] = 729

Da cui, poiché il lotto minimo di negoziazione dei covered warrant su cambi è pari a 100, 700 covered warrant. L'esempio mostra come al variare delle condizioni di mercato, così come varia il controvalore del portafoglio, varia anche il numero di covered warrant call necessari per la copertura. Per questo motivo è necessario tenere sotto controllo l'andamento del portafoglio protetto e verificare la necessità di incrementare o diminuire la copertura nel tempo, anche in linea con le proprie aspettative sui movimenti del mercato.

Copertura dal ribasso dei mercati

L'investimento in covered warrant put può essere utilizzato per proteggere un portafoglio azionario da un possibile andamento negativo del mercato.

• L'acquisto dei covered warrant put può essere visto come una polizza assicurativa "stipulata" per i titoli presenti in portafoglio. Il premio di questa assicurazione è rappresentato dal controvalore dei covered warrant acquistati.

L'assicurazione scatta al verificarsi dell'evento negativo: in questo caso la discesa dei corsi azionari al di sotto di una certa soglia, rappresentata dallo strike dei covered warrant prescelti. Se il portafoglio che si desidera assicurare è composto dalle principali blue chip italiane, l'acquisto di covered warrant put sull'indice S&P/MIB potrebbe proteggerlo da un'eventuale discesa dei corsi azionari. Analogamente se il portafoglio è formato da azioni europee o americane, la scelta può ricadere su covered warrant put che hanno come sottostanti indici azionari europei, EUROSTOXX50 o americani, NASDAQ 100 o DOW JJONES.

Anche in questo caso è possibile proteggere il proprio portafoglio azionario seguendo due diversi approcci:

• copertura statica
• copertura dinamica.

Nel primo caso, la copertura sarà perfetta solo il giorno di scadenza dei covered warrant, mentre nel secondo caso, si può realizzare una copertura che abbia effetto anche prima della scadenza dei covered warrant.

• Copertura statica

Se la strategia scelta è la copertura statica, il numero di covered warrant da acquistare può essere calcolato utilizzando la seguente formula:

Numero CW =
valore del portafoglio in Euro / [(strike xmultiplo) / tasso di cambio contro Euro]

Supponiamo di voler proteggere un portafoglio con un controvalore di 10.000 euro che replica la composizione dell'indice S&P/MIB e ne riflette linearmente la performance.

Per un'efficace copertura occorre scegliere il covered warrant più adatto all'orizzonte temporale del proprio investimento e al livello dell'indice al di sotto del quale coprirsi (strike del CW). Nell'esempio possiamo decidere di acquistare dei covered warrant put sull'indice S&P/MIB con strike 28.000, multiplo 0,0001 e scadenza 5 mesi, con l'indice che quota 29.663 punti indice.

Utilizzando i dati dell'esempio, il numero di covered warrant put da acquistare è pari a:

Numero CW =
EUR 10.000 / [(EUR 28.000 x 0,0001)/1] = 3.571,43

Poiché il lotto minimo di negoziazione dei covered warrant su indici è pari a 100, si potranno acquistare 3.600 covered warrant put.

Il costo della copertura è rappresentato dal controvalore dei covered warrant acquistati, nell'esempio 136,8 euro.

La scelta di un covered warrant con strike 28.000 (29.663 – 28.000 / 29.663 = -5,6% circa rispetto al valore corrente dell'indice) permette di bloccare il valoredel portafoglio, in caso di scenario di mercato avverso, a un valore non

inferiore a 9.440 euro (-5,6% circa rispetto al valore del portafoglio), senza considerare le spese di copertura.
Includendo le spese di copertura, pari a 136,8 euro, il valore del portafoglio effettivamente bloccato è paria EUR 9.303 e quindi la perdita massima a cui ci si esponeè del 6,97% (10.000 – 9.303 / 1.000 = 6,97%).

- Copertura dinamica

Se la strategia scelta è la copertura dinamica, il numero di covered warrant put da acquistare per proteggere il proprio
portafoglio può essere calcolato utilizzando la seguente formula:

Numero CW =
valore del portafoglio in Euro / [(strike xmultiplo x Delta)
/ tasso di cambio contro Euro]

Nel caso della copertura dinamica, la formula di calcolo del numero di covered warrant da acquistare subisce una modifica in quanto viene inserito il Delta, il coefficiente che misura la sensibilità del prezzo del covered warrant a variazioni del livello del sottostante. La copertura dinamica è in questo modo efficace anche prima della scadenza dei covered warrant in quanto il numero di covered warrant put che entrano a far parte del portafoglio si adatta alle variazioni del valore di mercato dei titoli da coprire. Applichiamo la copertura dinamica al portafoglio dell'esempio precedente.
Per calcolare quanti covered warrant put sono necessari ai fini della copertura, l'unico dato che ci manca è il Delta, ipotizziamo che sia pari a27%.

Utilizzando la formula indicata sopra, il numero di covered warrant put da acquistare è pari a:

Numero CW =

EUR 10.000 / [(EUR 28.000 x 0,0001 x 0,27)/1] = 13.228

Poiché il lotto minimo di negoziazione dei covered warrant su indici è pari a 100, si potranno acquistare 13.200 covered warrant put. Il costo della copertura è rappresentato dal controvalore dei covered warrant acquistati, nell'esempio 501,6 euro. Supponiamo che sia passato un mese dall'acquisto dei 13.200 covered warrant put e che lo scenario che si è verificato è quello per cui la performance registrata dall'S&P/MIB è di: –10%. In questo scenario il valore dei titoli passa da EUR 10.000 aEUR 9.000 e il Delta dei covered warrant passa da 27% a 74%. Il numero di covered warrant put necessari passa da 13.200 a 4.300 ed è quindi possibile vendere sul mercato i covered warrant superflui: 13.200 – 4.300 = 8.900.

Protective put

L'investitore che teme un ribasso, ma non intende vendere le proprie azioni, può con l'acquisto di un covered warrant put, coprire il proprio portafoglio azionario da potenziali perdite derivanti da una flessione dei titoli, senza privarsi della possibilità di beneficiare di rialzi futuri.

Ipotizzando che il portafoglio di azioni dell'investitore rifletta, dal punto di vista della sua composizione, i valori azionari dell'indice Eurostoxx50 e in caso di fluttuazioni del prezzo si muova in modo analogo rispetto all'indice Eurostoxx50, l'investitore può coprire la propria posizione, con l'acquisto di un covered warrant put sull'indice Eurostoxx50.

Questo tipo di copertura del portafoglio e chiamato hedging strategico perché può bilanciare le perdite di valore del portafoglio nel rapporto 1:1 solo alla data di scadenza del warrant. Durante la vita del warrant può, invece, verificarsi una maggiore o minore copertura.

Per ottenere una copertura dinamica del portafoglio, e calcolare i warrant put necessari per la copertura, si utilizza il parametro delta.

Esempio

- Prezzo covered warrant put su Eurostoxx50: 2,5 euro.
- Rapporto di conversione: 100:1.
- Prezzo covered warrant put normalizzato 250 euro.
- Strike price: 6.500 euro.
- Valore portafoglio: 65.000 euro.
- Eurostoxx50: 6.500 punti indice.
- Numero di covered warrant put: 65.000/6.500 x

110

$$\frac{100}{\ } = 1.000.$$

- Costi di copertura: 1.000 x 2,5 = 2.500 euro.

Nel nostro esempio il portafoglio di azioni ha un valore di 65.000 euro, per l'indice Eurostoxx50 si assume un valore di 6.500 punti di indice.

Con un rapporto di conversione di 100 covered warrant per indice, il numero totale dei covered warrant da acquistare risulta pari al rapporto tra il valore del portafoglio e l'Eurostoxx50 (cosiddetto rapporto di portafoglio), moltiplicato per il rapporto di conversione del covered warrant put.

Possiamo avere tre scenari di scadenza:

- Eurostoxx50: 8.000 punti indice
  Valore del portafoglio con copertura put: 77.500 euro

- Eurostoxx50: 6.500 punti indice
  Valore del portafoglio con copertura put: 62.500 euro

- Eurostoxx50: 5.000 punti indice
  Valore del portafoglio con copertura put: 62.500 euro

I costi di copertura ci sono in ogni caso, anche se il movimento è laterale. Nell'hedging dinamico (delta-hedging) il numero ottimale di covered warrant put da avere cambia in funzione delle variazioni del delta. Tuttavia il premio del covered warrant put da pagare e i costi di transazione sconsigliano un continuo aggiustamento.

Di regola, quindi, si stabiliscono dei periodi in cui aggiustare la copertura. L'investitore corre inoltre il rischio di riduzioni di prezzo dei covered warrant put causate dalla volatilità e dal passare del tempo.

Esempio

Per l'esempio sopra descritto, si calcola, ipotizzando un delta di 0,4, un numero di 2.500 covered warrant put sull'Eurostoxx50 per una copertura dinamica del portafoglio.

(65.000/6.500) x (100/0,4) = 2.500

Acquisto obbligazione e covered warrant call

Un investitore che intendesse proteggere totalmente il suo portafoglio azioni da perdite di valore ma beneficiare allo stesso tempo di ulteriori possibili rialzi dei prezzi potrebbe vendere l'intero portafoglio azioni e investire l'importo ricevuto in obbligazioni e covered warrant call. In questo caso l'importo da investire nelle obbligazioni viene scelto in modo che il rimborso dell'importo nominale dell'obbligazione alla data di scadenza ammonti al 100% dell'odierno valore del portafoglio, inclusi gli interessi attivi.

- Ciò significa che l'investitore, alla data odierna, investe nell'obbligazione un importo inferiore al 100% decurtato degli interessi attivi e per il restante importo acquista covered warrant call.

L'importo da investire nel covered warrant call viene, quindi, limitato all'ammontare degli interessi attivi derivanti dall'obbligazione.

Esempio

- Valore del portafoglio azioni: 100.000 euro.
- Vita: 1 anno.
- Tasso d'interesse 12 mesi: 5%.
- Acquisto di un'obbligazione per 95.238 euro (reddito in 12 mesi 100.000 euro).
- Acquisto di covered warrant call su azioni per 4.762euro.

114

Nel caso il sottostante del covered warrant call scenda, la perdita si limita al premio dell'opzione pagato, vale a dire all'interesse attivo pari a 4.762 euro. Il capitale investito nell'obbligazione di 95.238 euro rimane intatto.

Se, invece, l'andamento dell'azione o dell'indice azionario è positivo, i covered warrant call acquistano valore aumentando il rendimento dell'investimento complessivo.

Certificati di sconto

I certificati di sconto, chiamati anche certificati BLOC, sono titoli che si riferiscono a un determinato sottostante, un'azione o un indice azionario, e possono essere compratia sconto rispetto al sottostante. In cambio, l'investitore può partecipare ad aumenti del prezzo del sottostante solo fino a un determinate livello, chiamato cap-level.

- L'esercizio dei certificati di sconto/BLOC è di tipo europeo.

Alla data di scadenza l'investitore o riceve il pagamento dell'importo massimo stabilito o riceve l'azione dall'emittente. Se alla data di scadenza l'attività sottostante quota sopra il cap-level concordato, l'investitore riceve il pagamento dell'importo massimo concordato, altrimenti riceve il (valore del) sottostante. In alternativa alla consegna dell'azione, il regolamento può prevedere anche una liquidazione per contanti. Quest'ultima variante viene sceltasoprattutto nei certificate di sconto/ BLOC su indici azionari e panieri di azioni.

- I certificati di sconto/BLOC corrispondono all'acquisto di un'azione e alla contemporanea vendita di un warrant call sull'azione stessa. Il cap-level corrisponde allo strike price dell'opzione venduta.

Esempio

Un certificato di sconto/BLOC ha un cap-level di 125 Euro.
L'investimento avviene a un prezzo del sottostante di 100 Euro 12 mesi prima della scadenza della vita residua.
Lo sconto ammonta a 10 Euro.

Il reddito massimo ammonta a 35 Euro.

L'investitore deve sapere che il comportamento del valore temporale di un certificato di sconto/BLOC è diverso da quello di un plain-vanilla-warrant. Il valore della struttura complessiva aumenta qui con il passare del tempo, in quanto la call-option venduta perde di valore.

• Data la loro struttura, i certificate di sconto/ BLOC sono quindi adatti per essere tenuti per un periodo di tempo più lungo.

Inoltre lo sconto, e, quindi, il vantaggio di un certificato di sconto/BLOC, aumenta, più la volatilità implicita della call-option venduta è alta.

Particolarmente efficace è l'investimento in un certificate di sconto/BLOC quando, con volatilità elevate, lo sconto del prezzo rispetto all'investimento diretto nell'azione è relativamente alto.

Il prezzo di acquisto più basso dà quindi all'investitore un vantaggio di rendimento rispetto all'investimento diretto se le sue aspettative di rialzo dell'azione sono moderate. Pertanto i certificati di sconto/BLOC offrono all'investitore un buono strumento di investimento se egli prevede, in base alle condizioni attuali di mercato, un movimento piuttosto moderato al rialzo dell'azione o dell'indice azionario. Questa strategia di investimento mira a ottenere la differenza tra il prezzo di acquisto più basso del certificato di sconto/BLOC e l'importo massimo concordato al fine di massimizzare il rendimento. Inoltre lo sconto offre all'investitore un margine di sicurezza in caso di leggere riduzioni delle quotazioni.

Esempio

Prezzo dell'azione al momento dell'acquisto: 100euro.
Cap-level del certificato di sconto/BLOC: 125 euro.
Rapporto di conversione: 1:1.
Prezzo del certificato al momento dell'acquisto: 90euro.

- Prezzo dell'azione alla scadenza: 80
  Rimborso valore: 80
  Guadagno/perdita BLOC: -11%
  Guadagno perdita azione diretta: -20%

- Prezzo dell'azione alla scadenza: 90
  Rimborso valore: 90
  Guadagno/perdita BLOC: 0%
  Guadagno perdita azione diretta: -10%

- Prezzo dell'azione alla scadenza: 100
  Rimborso valore: 100
  Guadagno/perdita BLOC: +11%
  Guadagno perdita azione diretta: 0%

- Prezzo dell'azione alla scadenza: 110
  Rimborso valore: 110
  Guadagno/perdita BLOC: +22%
  Guadagno perdita azione diretta: +10%

- Prezzo dell'azione alla scadenza: 120
  Rimborso valore: 120
  Guadagno/perdita BLOC: +33%
  Guadagno perdita azione diretta: +20%

- Prezzo dell'azione alla scadenza: 125
  Rimborso valore: 125
  Guadagno/perdita BLOC: +39%
  Guadagno perdita azione diretta: +25%

- Prezzo dell'azione alla scadenza: 130
  Rimborso valore: 125
  Guadagno/perdita BLOC: +39%
  Guadagno perdita azione diretta: +30%

- Prezzo dell'azione alla scadenza: 139
  Rimborso valore: 125
  Guadagno/perdita BLOC: +39%
  Guadagno perdita azione diretta: +39%

- Prezzo dell'azione alla scadenza: 140
  Rimborso valore: 125
  Guadagno/perdita BLOC: +39%
  Guadagno perdita azione diretta: +40%

- Prezzo dell'azione alla scadenza: 150
  Rimborso valore: 125
  Guadagno/perdita BLOC: +39%
  Guadagno perdita azione diretta: +50%

Basket warrant

Chi investe in basket warrant (warrant su un paniere di titoli), può speculare su un trend di mercato e partecipare selettivamente all'evoluzione, di un settore o di un paese.

- Un basket warrant è un singolo titolo che comprende diversi valori azionari. La diversificazione del rischio di investimento è più grande, forti fluttuazioni di prezzo di singoli valori azionari pesano meno.

Dal punto di vista della diversificazione del rischio, un basket warrant può quindi paragonarsi a un fondo comune d'investimento.
A differenza di un fondo, i valori azionari vengono scelti e ponderati una volta sola all'emissione del warrant secondo criteri determinati. Durante la vita non avviene alcun cambiamento dei titoli azionari e delle loro ponderazioni.

- Con un unica eccezione: se per i valori azionari scelti si hanno modifiche sul capitale (split azionario, aumento di capitale, riduzione di capitale), l'emittente del basketwarrant provvede a un corrispettivo aggiustamento delle ponderazioni.

Tuttavia, ciò non influenza il prezzo del warrant.
Per costruire un basket warrant, è innanzitutto importante trovare, in base a criteri analitici, i valori azionari più attraenti con i quali e possibile realizzare al meglio il piano d'investimento. Di fondamentale importanza nella costruzione di un basket warrant è oltre alla scelta mirata delle azioni, la ponderazione dei singoli titoli costituenti il paniere. Il criterio solitamente adottato e quello della capitalizzazione di mercato, modificato in relazione al giudizio sul titolo da parte degli analisti.

Un altro fattore rilevante e la volatilità implicita ovvero le fluttuazioni di prezzo attese del paniere. La volatilità implicita è uno dei parametri principali che influenzano il prezzo del warrant. Più valori azionari sono contenuti nel basket warrant e più uniforme è la loro ponderazione, minore è, di regola, la volatilità implicita e più favorevole il prezzo d'emissione del basket warrant. Attraverso la ripartizione del rischio su diversi valori azionari (cosiddetta diversificazione), per effetto della correlazione tra i titoli azionari stessi, le forti fluttuazioni di prezzo di singole azioni pesano meno. Allo stesso tempo si riduce però anche l'opportunità di realizzare guadagni elevati. Il successo di un piano di investimento strutturato come basket warrant dipende quindi dal fatto di trovare un equilibrio ottimale tra opportunità e rischio. Costituiscono un'eccezione i basket warrant che contengono azioni dello stesso settore. Dato che i movimenti di mercato di queste azioni spesso vanno nella stessa direzione, non necessariamente hanno una volatilità più bassa, anche in presenza di una ponderazione uniforme delle azioni.

Covered Warrant esotici

Per quanto concerne i covered warrant esotici le principali tipologie sono:

- Covered Warrant Digitali: prevedono il pagamento, da parte dell'emittente, di un importo di denaro fisso (rebate) al raggiungimento di un determinato livello dell'attività sottostante.

- Covered Warrant Corridor: prevedono il pagamento, da parte dell'emittente, di un importo di denaro fisso (rebate) nel caso in cui, nel giorno (o nei giorni) fissato per la rilevazione, il valore del sottostante risulta compreso tra due estremi precedentemente determinati.

- Covered Warrant Rainbow: sono covered warrant il cui sottostante è costituito dal rapporto tra due attività finanziarie (normalmente azioni o indici di borsa). Questo prodotto consente, quindi, di puntare sull'eventualità che la performance (anche se negativa) realizzata dall'attività finanziaria risulti a scadenza maggiore di quella realizzata dall'altra.

- Covered Warrant Call Spread: sono covered warrant il cui payoff replica una strategia di acquisto di una opzione call con strike basso e di una contestuale vendita di una opzione call, con medesimo sottostante e scadenza, ma strike più alto.
Questi prodotti finanziari, a fronte di una spesa iniziale più contenuta rispetto all'acquisto di un

covered warrant call tradizionale, consentono di partecipare alla performance realizzata dall'attività sottostante fino a un determinato livello coincidente con lo strike dell'opzione call venduta rinunciando contestualmente alla performance oltre tale valore.

- Covered Warrant Put Spread: sono covered warrant il cui payoff replica una strategia di acquisto di una opzione put con strike alto e di una contestuale vendita di una opzione put, con medesimo sottostante e scadenza, ma strike più basso. Questi prodotti finanziari, a fronte di una spesa iniziale più contenuta rispetto all'acquisto di un covered warrant put tradizionale, consentono di partecipare alla performance negativa realizzata dall'attività sottostante fino ad un determinato livello coincidente con lo strike dell'opzione put venduta rinunciando contestualmente alla performance oltre tale valore.

- Covered Warrant Straddle: sono covered warrant il cui payoff replica una strategia di contestuale acquisto di un'opzione call e di un'opzione put con medesimo sottostante, strike e scadenza. E' una strategia che permette all'investitore di assumere una posizione neutrale rispetto al trend di mercato del sottostante (strategia di volatilità), cioè di ottenere un profitto qualora i movimenti del sottostante (indifferentemente al rialzo o al ribasso) siano sufficientemente ampi.

- Covered Warrant Knock Out: sono dei covered warrant che si caratterizzano per la previsione tra le caratteristiche contrattuali di una barriera fissata

123

in corrispondenza di un determinato livello dell'attività sottostante: al raggiungimento della barriera i covered warrant knock out si estinguono anticipatamente. Questi strumenti posso prevedere o meno il pagamento di un importo fisso (rebate) al raggiungimento della barriera.

• Covered Warrant su tassi: strumenti costituiti da combinazioni di opzioni call o put che permettono all'investitore di neutralizzare la propria esposizione rispetto all'andamento dei tassi di interesse sia a breve che a lungo termine (ad esempio tasso Euribor o tasso Swap); in particolare possono essere utilizzati per coperture a fronte di passività (ad esempio mutui) indicizzate a un tasso variabile

www.ingramcontent.com/pod-product-compliance
Lightning Source LLC
Chambersburg PA
CBHW060614210326
41520CB00010B/1334